Band **131e** in der maritimen gelben Buchreihe

Knut Uwe **Freiwald**

Ein Seemann erzählt

von seiner

Seefahrt in zwei deutschen Staaten

herausgegeben von Jürgen Ruszkowski

Den Barcode finden Sie auf der Umschlag-Rückseite.

Dieses Buch ist bei epubli.de online oder im Buchhandel für 11,99 € als Sw-Ausgabe unter **ISBN 978-3-753115-79-5** zu bestellen.

auch als E-book im ePub- und kindle-Format erhältlich

Band **131e** in der gelben Buchreihe

Dieses Buch ist bei **epubli.de** online oder im Buchhandel zu bestellen.

Den Barcode finden Sie auf der Umschlag-Rückseite.

Herausgeber:

Jürgen Ruszkowski, Nagelshof 25, D-22559 Hamburg

Tel.: 040–**18090948**

e-mail: **juergenruszkowski@googlemail.com** oder **maritimbuch@googlemail.com**

Inhalt Beitrag Seite

Insgesamt 145 Seiten

im Internet:

www.maritimbuch.de

www.maritimbuch.hpage.com

www.sites.google.com/site/maritimegelbebuchreihe

* * *

Vorwort des Herausgebers

Von 1970 bis 1997 leitete ich das größte Seemannsheim in Deutschland am Krayenkamp am Fuße der Hamburger Michaeliskirche.

Dabei lernte ich Tausende Seeleute aus aller Welt kennen.

Im Februar 1992 entschloss ich mich, meine Erlebnisse mit den Seeleuten und deren Berichte aus ihrem Leben in einem Buch zusammenzutragen. Es stieß auf großes Interesse. Mehrfach wurde in Leserreaktionen der Wunsch laut, es mögen noch mehr solcher Bände erscheinen. Deshalb folgten dem ersten Band der „**Seemannsschicksale**" weitere.

Inzwischen habe ich gut 130 Buchbände gestaltet, überwiegend mit maritimem Hintergrund.

Hamburg, 2020 Jürgen Ruszkowski

Ruhestands-Arbeitsplatz
Hier entstehen die Bücher und Webseiten des Herausgebers

* * *

Vorwort des Autors

Das ist eine der größten Fragen die den Kindern oft gestellt werden, und zugleich eine der schwersten Bürde in jungen Jahren eine Antwort zu geben.

Viele haben keine Antwort auf diese Frage, aber einige wissen schon sehr früh und genau was sie einmal werden wollen. Erstaunlich dabei, dass gerade diese Kinder auch das werden, egal nun ob Polizist, Arzt, Schauspieler oder Sänger. Sie verfolgen diese Ziele beharrlich. Beispiele gibt es viele. Die Erzählung basiert auf der Autobiographie des Verfassers. Seit frühester Kindheit war es sein Wunsch gewesen, Matrose und später Kapitän zu werden. Geboren am 17. März 1950, in der Lausitz dem heutigen Land Brandenburg, ist sein Lebensweg verbunden mit dem gerade gegründeten Arbeiter- und Bauernstaat, der DDR, auf dem Territorium der 1945 geschaffenen sowjetischen Besatzungszone. Von diesem ersten sozialistischen Staat auf deutschen Boden wurde sein Leben geprägt und beeinflusst durch Kindergarten, Schule, Lehrzeit und im späteren Studium. Mit aller Offenheit werden Probleme, Verstrickungen und Rückschläge, die es auf diesem langen Weg gab, dargelegt. Es wird geschildert, wie er in der DDR Seemann geworden ist, wie er als Seemann in diesem Staat gelebt hat, mit welchen Problemen und Einflüssen er konfrontiert wurde. Dazu gehört auch die Auseinandersetzung, sowohl mit der damaligen Gesellschaft und Politik der DDR als auch nach dem gesellschaftlichen Umbruch mit der heutigen Gesellschaft und Politik der Bundesrepublik Deutschland. Dies dabei immer aus seiner Sicht der Dinge. Sicher wird jeder dazu seine eigene, in vielen Fällen wahrscheinlich eine andere persönliche Meinung haben. Als DDR-Bürger wurde man entweder in diesem Staat geboren, so wie ich, lebte in der damaligen sowjetischen Besatzungszone oder fand sich als sogenannter Übersiedler in diesem Teil Deutschlands nach dem II. Weltkrieg wieder. Jeder musste sich mehr oder weniger mit diesem Staat arrangieren, insbesondere dann, wenn er in diesem Staat eine berufliche Karriere anstrebte. Eigentlich unterscheidet sich das Leben, ob nun in Ost oder West nicht, es wurde, wie woanders auch, gelebt, geliebt und gefeiert. Es gab zufriedene und unzufriedene Menschen bezüglich Staat, Politik und

Lebensweise genau wie heute und in jedem anderen Staat der Welt. Es wird immer gesagt, die Rostocker Seeleute gehörten einer privilegierten Schicht an. Privilegiert nur insofern, weil sie ein Seefahrtsbuch besaßen mit dem sie die Seegrenze der Mecklenburger Küste per Schiff überschreiten durften. Die Auswahl für diesen exponierten Arbeitsplatz wurde von Seiten des Staates streng geregelt. Dieses Auswahlverfahren mussten vermutlich auch zukünftige Mitarbeiter von Botschaften oder Konsulaten als auch Mitarbeiter von Kombinaten und Betrieben, welche für einen Auslandeinsatz vorgesehen waren, über sich ergehen lassen. Mit der Bewerbung bei der Deutschen Seereederei, ob nun als Koch, Stewardess, Elektriker oder Matrose, wurde automatisch ein Verfahren in Gang gesetzt, auf das der Bewerber absolut keinen Einfluss besaß. Es handelte sich um die Prozedur, ein Seefahrtsbuch zu beantragen einschließlich des dazu gehörigen Sichtvermerkes. Er selbst konnte weder Einfluss auf diesen Vorgang nehmen, noch hatte er bei einer Ablehnung irgendein Einspruchsrecht oder bekam Gründe für einen abschlägigen Bescheid genannt.

Das Leben eines Seemannes nach der Wende, sofern er sein Berufsleben bei der Seefahrt fortsetzte, ist von Interesse, um nun das Leben eines Seemannes unter bundesdeutschen Bedingungen kennen zu lernen. Wie jeder Bürger der ehemaligen DDR musste auch ein Seemann sich von heute auf morgen mit einem völlig anderen Staat kapitalistischer Prägung und mit einer auf maximalen Gewinn ausgerichteten Seefahrt auseinandersetzen. Der Verfasser kann natürlich nur seine Seite darstellen. Alle in der Erzählung aufgeführten Örtlichkeiten existieren tatsächlich. Werden Namen genannt, handelt es sich um Persönlichkeiten aus dem Bereich der Seefahrt in der DDR oder um Namen der Schiffe, auf denen er unter der DDR-Flagge oder später unter der bundesdeutschen Flagge Dienst tat. Nur die Namen von Freunden und Beteiligten sind frei erfunden. Ein Stück Zeitgeschichte gelebt in zwei deutschen Staaten.

* * *

Krönung meiner Seefahrtzeit

2005 – Kapitän MS „CIMBRA“

Eigentlich ist es schon verwunderlich, wenn ich auf meine lange Fahrzeit als Seemann zurück schaue, dass mir als Höhepunkt meiner Laufbahn die Reise mit dem MS „CIMBRA“ im Jahr 2005 einfällt. Deshalb möchte ich meine Geschichte mit dieser Reise beginnen.

Es war ein schöner Wintertag im Januar 2005, soeben hatten wir den Lotsen von Rotterdam abgegeben. Mein Blick geht aus dem Brückenfenster hinaus, das Meer ist nur leicht bewegt, die Wellen haben kleine Schaumkronen und vor allem: die Sicht ist gut. Die Nordsee kann um diese Jahreszeit ja wesentlich ungemütlicher sein. Wir fahren auf dem vorgeschriebenen Weg des Verkehrstrennungsgebietes Ansteuerung Rotterdam auslaufend. Es herrscht dort der übliche dichte Verkehr, aber alles ohne Probleme. Das MS „CIMBIA“ ist ein Vollcontainerschiff gebaut im Jahre 2002 und kann 2.824 Container transportieren. Übernommen habe ich das Kommando in Khor Fakkan. Es war die Krönung meiner bisherigen seemännischen Laufbahn als Kapitän, dass man mir dieses fast neue Schiff anvertraute. Von Khor Fakkan ging es dann nach Dubai, Muhammad Bin Qasim, Tuticorin, Colombo, Damieta, Antwerpen, Felixstow, Rotterdam und nun nach Hamburg, dem Endpunkt der Rundreise.

Dieser Anlauf Hamburg war für mich etwas Besonderes, seit

1966 fuhr ich zur See, und schon oft war ich in Hamburg, ob als Matrose, Dritter, Zweiter oder Erster Offizier, dies aber sollte mein erster Anlauf sein als Kapitän eines Schiffes.

Inzwischen haben wir Amsterdam / Ilmjiuden an Steuerbordseite passiert und ordnen uns in das Verkehrstrennungsgebiet vor Texel ein. Der Schiffsverkehr im Verkehrstrennungsgebiet vor Texel erfordert nun wieder meine Aufmerksamkeit. Das MS „CIMBRIA" fährt unter Liberia Flagge. Die Besatzung besteht aus mehreren Nationen. Ich habe mal das Glück einen deutschen Chief Ingenieur mit an Bord zu haben. Ansonsten bin ich in der Regel der einzige Deutsche an Bord. Die Mannschaft besteht aus philippinischen Seeleuten. Die Offiziere und Ingenieure kommen aus Bulgarien. Im Laufe der Jahre habe ich mir angewöhnt in schwierigen Fahrtgebieten / Gewässer auf der Brücke zu sein. Der wachhabende Offizier fährt eigenverantwortlich, und ich halte mich im Hintergrund. Dies ist kein Misstrauen, aber so bin ich gleich standby, sollte es Probleme geben. Der Englische Kanal und die Nordsee sind ein sehr anspruchsvolles und kompliziertes Fahrgebiet, wo es schnell passieren kann, dass der verantwortliche Wachoffizier an seine Grenzen kommt. Für mich war es früher auch jedes Mal beruhigend zu wissen, dass mein Kapitän auf der Brücke war. So konnte er auf Grund seiner Erfahrung bei heiklen Situationen eingreifen beziehungsweise das Kommando übernehmen. Aber auf meine bulgarischen Offiziere an Bord konnte ich mich voll verlassen. Sie hatten eine sehr gute Ausbildung durchlaufen ähnlich wie wir in der damaligen DDR.

Vollmatrose, mein Blick geht zum Ruderbock, dort steht ein Matrose, da wir Handruder gehen müssen. Heute AB (Able Seaman) genannt, Inhaber des Zertifikats „Rating Deck" ein philippinischer Seemann.

Schon ungewöhnlich für ein so relativ neues Schiff, aber unser Kreiselkompass hatte kurz vor Rotterdam den Geist aufgegeben. Den alten Kreiselkompass (noch mit Kreiselkugel) hat jedenfalls jeder E-Ingenieur wieder zum Laufen gebracht. Aber hier war ein Kreiselkompass der neusten Generation (ohne Kreiselkugel) installiert worden. Trotz Anstrengungen unseres E-Ingenieurs in Rotterdam und Assistenz eines Services war es nicht gelungen, den Kreiselkompass zu reparieren. Es fehlte ein bestimmtes Ersatzteil, das auch nicht auf die Schnelle in Rotterdam zu besorgen war. Das Ersatzteil sollte nun in Hamburg kommen. Warten in Rotterdam war keine Option, Zeit ist Geld, und wir hatten einen straffen Fahrplan. Die Entscheidung ohne funktionstüchtigen Kreiselkompass weiter zu fahren brachte ein paar Probleme mit sich, stetige Umrechnung der Kurse in den Magnetkompasskurs, die Wachoffiziere entsprechend Briefen und jeweils den Lotsen informieren. Der Magnetkompass steht üblicherweise auf dem Peildeck, die Anzeige wird mittels Spiegel, die sich in einem Rohr befinden, zum Ruderstand reflektiert. Das Steuern nach Magnetkompass gestaltet sich schwierig, da die Anzeige ständig in Bewegung ist. Für den Matrosen war es sehr anstrengend, er musste stets seinen Blick nach oben zur Anzeige richten. Deshalb hatte ich angeordnet, dass die Wachen mit zwei Matrosen besetzt wurden, so dass sie sich halbstündlich ablösen konnten und der Ausguck immer besetzt war. Wir hatten Glück, dass das Wetter gut war. Bei Sturm mit dem Rollen und Stampfen des Schiffes wäre es sehr schwierig geworden das Schiff auf Kurs zu halten.

Dabei haben wir nun mit dem von Nord Hinder kommenden Verkehr zu kämpfen, welche auch den kürzeren Küstenweg nach Bremen oder Hamburg fahren wollen. Nächster markanter Punkt wird die Leuchttonne Texel sein. Wir können auf Seeumdrehungen gehen, bei dieser Wetterlage habe ich mich entschieden den Küstenweg, das heißt die Route Texel, Terschelling, Borkum Richtung Elbe 1 zu nehmen. Für schweres Wetter hatte ich den vorgeschriebenen Tiefwasserweg Nord Hinder – Deutsche Bucht – Elbe 1 vorbereiten lassen. In dem relativ flachen Wasser in Küstennähe kann es sehr gefährlich werden, da sich dort bei Sturm starke Grundseen bilden. Der Anlauf Hamburg ist für mich deshalb etwas Besonderes, da es ein langer Weg war, bis ich das Kommando eines Schiffes übernehmen durfte.

Früher lag hier das Feuerschiff Texel, gefolgt dann von den Feuerschiffen Terschelling, Borkum, Weser und Elbe 1. Diese waren wichtige Seezeichen in der damaligen Zeit. Während meiner Lehrlingszeit sind wir mit dem MS „FRITZ REUTER“ einem Kühlschiff, diesen Weg zweimal im Monat gefahren, als wir Linie Rostock – Conakry – Rostock fuhren, um von dort Bananen zu holen. Ich werde nie vergessen, wie wir insbesondere bei schlechter Sicht angehalten wurden nach diesen Seezeichen Ausschau zu halten. Radargeräte als Hilfe für die Navigation waren gerade erst im Kommen. Eine große Hilfe war es dann später, als die Feuerschiffe mit Radarreflektoren ausgerüstet wurden.

Langsam haben wir uns mit der „CIMBRIA" frei gefahren. Dieses Fahrgebiet ist immer wieder eine Herausforderung durch sein starkes Verkehrsaufkommen.

Zwischenzeitlich muss ich meine Aufmerksamkeit dem Schiffsverkehr widmen. Das Schiff ist gerade bei einem Überholvorgang. Dies ist teilweise schwierig, da der dafür notwendige Platz auf diesen vorgeschriebenen Zwangswegen des Verkehrstrennungsgebietes, doch recht beschränkt ist und die Wassertiefen neben dem Zwangsweg bei einem entsprechenden Tiefgang einem gefährlich werden könnte, ähnlich dem Überholvorgang von zwei LKW auf der Autobahn. Da die Geschwindigkeiten teilweise fast gleich sind, dauert der Überholvorgang eine gefühlte Ewigkeit. Das erinnert mich an meine erste Reise als Dritter Offizier auf einem Kühlschiff. Dieses hatte eine Dienstgeschwindigkeit von 20-22 Knoten, das war schon eine Umstellung. Zumal ich gerade von einem Massengutschiff kam, welches gemütlich mit 11-13 Knoten daher fuhr. Nun hieß es dicht heranfahren, kurz ausscheren, überholen und schnellstens wieder einordnen, ansonsten landete man weit ab von seiner Kurslinie. Vor allem große, harte Ruderlagen vermeiden, da das Schiff sich ansonsten wie ein Motorradfahrer in die Kurve legt. Diese Erfahrung musste ich damals auslaufend Hamburg nach Lotsenabgabe bei Elbe 1 machen. Der Kapitän hatte mir das Kommando übergeben und die Brücke verlassen. Ein Schiff kam an Stb.-Seite den damals vom Feuerschiff Deutsche Bucht kommenden Narrow Channel herunter. Da sich die Peilung nicht veränderte, musste ich ein Ausweichmanöver fahren. Wie gelernt und bisher praktiziert, leitete ich das Manöver frühzeitig, rechtzeitig und energisch (mit Ruderlage Stb. 15 Grad) ein. Mein Wachmatrose fragte noch. „Wirklich?" Das Resultat war verheerend, das Schiff legte sich zur Seite, ich hörte dann nur noch ein hastiges Trampeln auf der Treppe zur Brücke. Das Brückenschott wurde aufgerissen und mein Kapitän kam auf die Brücke gestürmt und sagte: „Sind Sie wahnsinnig, wollen Sie das Schiff umkippen?“ Er übernahm sofort das Kommando mit dem Kommando Ruder Mitschiffs und brachte das Schiff wieder auf Kurs. Erschreckt musste ich feststellen, dass das Schiff während dieser kurzen Zeit doch erheblich vom Kurs abgekommen war. Zu meinem Glück hatten wir eine ausreichende Wassertiefe an dieser Stelle. Anschließend erklärte er mir, wie man bei diesen Geschwindigkeiten ein Schiff zu fahren habe. Dies hätte er mir vielleicht schon bei der Reisebelehrung erzählen können, da es mein erster Einsatz als Nautiker auf einem Kühlschiff war. Es war jedenfalls eine Erfahrung, die ich nie vergessen habe, da später die neuen Containerschiffe alle in diesem Geschwindigkeitsbereich unterwegs waren.

Normal könnte ich gleich eine Mütze Schlaf nehmen, bevor ich vor Elbe 1 wieder auf die Brücke muss, doch vorher ist noch einiges zu erledigen.

Seit der Einsparung des Funkoffiziers sind dessen Aufgaben dem Kapitän übertragen worden. Der gesamte Dienstverkehr mit Reederei, Charterer, Agenten etc. wird nun vom Kapitän abgearbeitet. Egal, ob er nun zuvor Stunden auf der Brücke verbrachte oder in den Häfen von den immer häufiger anstehenden Hafenkontrollen oder Inspektionen davon abgehalten wurde, sich zu erholen. Dies war früher Aufgabe des Funkoffiziers. Dazu kommen vorbereiten der Klarierung, Anmeldung an den nächsten Lotsen / Hafen, Heuerabrechnung und vieles mehr an Büroarbeiten. Dies bedeutet eine erhebliche Mehrbelastung für den Kapitän. Es ist nun seine Aufgabe dies alles unter einen Hut zu bringen. Deshalb gibt er teilweise diese Aufgaben an seine Offiziere weiter, da es zeitlich unmöglich ist, alles allein abzuarbeiten. Die Verantwortung verbleibt aber beim Kapitän, er muss für eventuelle dabei gemachten Fehler gerade stehen. Der Funker wurde ersatzlos eingespart. In den seltensten Fällen wurde mit Hinweis darauf die Heuer des Kapitäns erhöht. So kommt auch ein Kapitän bei sehr engem Fahrplan an seine Belastungsgrenzen. Eigentlich ist es die Hauptaufgabe eines Kapitäns, sein Schiff sicher von A nach B zu bringen. Nach Erledigung aller notwendigen Arbeiten versuchte ich noch etwas zu schlafen. Aber es ist nicht so einfach auf Kommando den Gedankenfluss zu stoppen und abzuschalten.

Die Verkehrssituation hat sich beruhigt. Das Wetter bleibt uns weiterhin treu, klare Sicht bei Beaufort 4-5, also kein Problem für unser Schiff.

Wir folgen weiter dem Küstenweg Richtung Elbe 1. Den Elbelotsen sollen wir am nächsten Tag um 6. Uhr bei Elbe 1 erhalten. So kann ich die Brücke verlassen, zumal gerade der 1. Offizier die Wache übernimmt.

Der Wecker klingelt, es ist kurz vor drei, irgendwie muss ich wohl doch noch eingeschlafen sein. Denke mal, wir sind kurz vor meiner Linie wo die Brückenwache mich wecken soll. Also mache ich mich fertig, um auf die Brücke zu gehen und später bei Elbe I den Elblotsen zu übernehmen. Vorbereitet habe ich schon meinen kleinen Teller mit einem geschälten Apfel, Kuchen oder Plätzchen und nicht zu vergessen die Zigaretten, da ich damals noch Raucher war. Die Brückenbesatzung lachte schon immer, wenn ich damit ankam. Auf der Brücke ist noch der Zweite Offizier mit seinen Wachmatrosen. Alles normal keine besonderen Vorkommnisse. Die Verkehrslage ist überschaubar. Nachdem der 1. Offizier seine Wache übernommen hat, erkläre ich ihm, dass er die Lotsenübernahme bei Elbe I unter meiner Aufsicht fahren wird. Laut Reederei-Information soll er nach der nächsten Rundreise meine Ablösung sein und in Hamburg dann das Kommando der „CIMBRIA“ übernehmen.

Inzwischen bin ich auf der Brücke. Der 1. Offizier hat seine Wache übernommen und wir besprechen die bevorstehende Lotsenübernahme bei Elbe I. Er ist ein erfahrener Offizier, und ich kenne ihn schon, seit er als Dritter Offizier bei unserer Reederei angefangen hat. Er kommt aus Bulgarien und gehört zu den Nautischen und Technischen Offizieren, die meine Reederei Anfang der 1990er-Jahre eingestellt hatte. Es waren sehr gut ausgebildete Seeleute. Sie hatten einen ähnlichen Ausbildungsweg durchlaufen wie wir in der DDR. Wir sind auch schon beide mehrmals auf anderen Schiffen zusammen gefahren. Ich freue mich für ihn, da er ein sehr guter 1. Offizier ist und seiner neuen Aufgabe sicher gewachsen sein wird.

Die Tonne Elbe I wird gut sichtbar sowohl optisch als auch im Radar angezeigt, gemäß der Absprache lasse ich den 1. Offizier das Manöver der Lotsenübernahme fahren und halte mich im Hintergrund. Er macht die Sache gut, und der Lotse ist nun auf dem Weg zur Brücke. Nach Begrüßung des Seelotsen, der uns bis Cuxhaven bringen wird, erkläre ich ihm die Manövereigenschaften des Schiffes und informiere ihn über den Tiefgang des Schiffes. Dabei ist zu beachten, dass wir jetzt auf der Elbe kein Seewasser mehr haben. Interessiert frage ich ihn nach ehemaligen Kollegen, welche von unserer Reederei zu den Elblotsen gewechselt waren. So kommen wir ins Gespräch, er bleibt dabei konzentriert, gibt die notwendigen Ruderkommandos und behält den Verkehr im Auge. Er ist richtig erfreut, mal wieder mit einen deutschen Kapitän an Bord zu fahren. Nach seiner Aussage langsam eine Seltenheit.

Das Schiff passiert gerade an Stb.-Seite die Kugelbake vor Cuxhaven. Der Lotse bereitet sich vor, das Schiff zu verlassen. In Cuxhaven kommt ein jetzt der Elbelotse an Bord, der uns bis zur Übernahme des Hafenlotsen in Hamburg begleiten wird.

Während der Lotse runter an Deck zur Lotsentreppe geht, hat der Kapitän das Schiff zu führen.

Die Radarberatung die ja weiter besteht erleichtert vieles, so dass das Schiff sofort informiert wird, wenn es den vorgeschrieben Sektor des Fahrwassers verlässt. Dies war nicht immer so, bei schwerem Wetter, wenn der Lotse nicht bei Elbe I versetzt werden konnte, kam der Lotse erst bei Cuxhaven. In dem Fall musste der Kapitän damals bis nach Cuxhaven navigieren. Allein auf sich gestellt und ohne Radarberatung, nur die Betonnung war eine Hilfe.

Der neue Lotse hat die Brücke erreicht. Nach der Begrüßung und Übermittlung aller notwendigen Informationen übernimmt er wieder die Beratung des Kapitäns. Er kennt das Fahrwasser am bestem, nur im Zweifelsfall greift der Kapitän ein, da er trotz Lotsen an Bord weiterhin verantwortlich ist für die sichere Schiffsführung. Im Falle von erkennbar schwierigen Begegnungen / Situationen wird vorher abgesprochen welche Manöver gefahren werden.

Wir passieren gerade Brunsbüttel mit seinen Schleusen an Bb-Seite. Da wir Elbe aufwärts fahren, haben wir mit dem auslaufenden Verkehr der Schleusen keine Probleme. Der Nordostseekanal ist mir durch eine Vielzahl von Passagen bekannt. Besonders im Sommer immer wieder ein Erlebnis. Weniger während der Winterzeit, wo Schnee, Eis, Nebel oder starker Wind die Durchfahrt erschweren. Leider hatte ich nach der Wende nie wieder die Möglichkeit durch diesen Kanal zu fahren. Genauso wie ich nach der Wende nie wieder mit einem Schiff den Hafen Rostock angelaufen habe. Einsatzgebiete waren jetzt Ostasien, Australien, Nord- Südamerika. Neu für mich, da wir damals zu DDR Zeiten in unserem Flottenbereich Spezialschifffahrt andere Einsatzgebiete hatten beziehungsweise nur vereinzelt Häfen in diesen Gebieten anliefen.

Die Schiffsführung verlangt nun meine volle Aufmerksamkeit. Wir nähern uns Teufelsbrück, wo der Elbelotse von Bord geht und der Hafenlotse an Bord kommt.

Zu meiner Überraschung kommen zwei Hafenlotsen an Bord, die uns zum Liegeplatz bringen sollen. Einen der Hafenlotsen kannte ich aus der DSR-Fahrzeit. Wir fuhren mal beide eine Reise auf einem unserer kleinen Typ-IX-Massengutschiffen. Er war damals Zweiter Offizier, und ich kam gerade frisch von der Seefahrtschule. So viel Zeit war noch, dass wir uns kurz unterhalten konnten. Er hatte sich nach der Wende hier in Hamburg als Hafenlotse beworben und war angenommen worden. Für mich wieder eine Bestätigung. dass unsere Ausbildung an der Seefahrtsschule so schlecht nicht gewesen sein konnte. Der Beruf des Lotsen war für mich nie eine Option gewesen. Ich wollte eigentlich immer bis zum Ruhestand zur See fahren.

Eher wäre für mich die Arbeit in der Schifffahrtsverwaltung in Frage gekommen.

Genauso wie ich mich nie für den Segelsport begeistern konnte. Mit der Hilfe und Unterstützung beider Lotsen hat das Schiff mit der Stb.-Seite sicher im Container–Terminal Burchardkai festgemacht. Für mich war diese Ankunft eine große Genugtuung, es war ein langer und beschwerlicher Weg von meinem Neuanfang hier in Hamburg, als ich am 7. Januar 1992 als Zweiter Offizier an Bord ging bis zu diesem Tag mit der Ankunft in Hamburg, nun als Kapitän eines Schiffes. Deshalb sage ich, ich bin angekommen, erst in der Bundesrepublik Deutschland konnte ich nach vielen Umwegen und Rückschlägen meinen Kindheitstraum Kapitän zu werden verwirklichen. Nach diesem gedanklichen Rückblick holt mich sofort der Alltag ein. Die Wasserschutzpolizei kommt an Bord und beginnt mit der Klarierung, der üblichen Kontrolle der Pässe, Seefahrtsbücher und aller Schiffspapiere. Da es der erste

Anlauf des Schiffes in einem deutschen Hafen war, erfolgte dies mit sehr großer Gründlichkeit. Plötzlich kommt Hektik auf, der Kollege, der das Öltagebuch kontrollierte, war der Meinung, dass bei der Abrechnung des Sludge (Reste aus der Verbrennung des Schweröls) eine Diskrepanz besteht. Nach seiner Meinung und gemäß den Schiffsunterlagen müsste eine größere Menge angefallen sein wie abgerechnet. Wo war die fehlende Menge verblieben, außenbords gepumpt? Der Leitende Ingenieur sagte, da das Schiff so gut wie neu war, ist nicht mehr Sludge angefallen wie abgerechnet. Da man ihm nicht glaubte, wurde begonnen im Maschinenraum verschiedene Leitungen auszubauen, um sie auf Ölrückstände zu untersuchen.

Inzwischen kamen laufend Anrufe aus unserem Hamburger Office, Direktor und Inspektion fragten nach, was auf meinem Schiff los sei und warum ich nicht umgehend die Reederei informiert habe. Umweltdelikte stehen sofort im Fokus der Öffentlichkeit, dies war das Letzte was ich jetzt gebrauchen konnte. Ich sagte erst einmal, es steht ein Anfangsverdacht im Raum, und ich vertraue der Aussage meines Leitenden Ingenieurs. Man sollte bitte das Ergebnis abwarten. Trotz intensiver Suche konnte nichts festgestellt werden, so dass der Verdacht fallen gelassen werden musste. Die Lade- / Löscharbeiten und der Crewwechsel hatten inzwischen begonnen. Proviant und Ausrüstung für die nächste Reise kam und muss übernommen werden. Gott sei Dank, auch der Service mit dem nötigen Ersatzteil für unseren Kreiselkompass war da. Inzwischen sind auch aus der Reederei der Nautische und Technische Inspektor sowie Crewmanagerin an Bord. Es war einiges zu besprechen und abzuarbeiten, da das Schiff schon am nächsten Vormittag wieder auslaufen sollte.

Meine Frau und meine Tochter habe ich erst einmal in meine Kammer gebracht. Im Moment hatte ich einfach keine Zeit, hoffte dass sich gegen Abend die Hektik lege.

Dies ist ein ganz „normaler Hafenablauf", meist kommt noch eine Port State Control oder sogar Flag State Controle und andere Inspektionen hinzu. Alle verlangen natürlich nach der Präsenz des Kapitäns, so dass man froh sein kann später wenigsten für ein paar Stunden zum Schlafen zu kommen. Nicht zu vergessen die Vorbereitungen für den nächsten Hafen (Lotsenanforderung, Informationen an Agenten und Charterer etc.) sind auch noch abzuarbeiten.

Gott sei Dank haben alle Besucher gegen Abend das Schiff verlassen. Nur der Lade- und Löschbetrieb geht weiter. Nach letzten Informationen soll das Schiff morgen gegen Mittag wieder auslaufen. So habe ich endlich Zeit für eine richtige Begrüßung von Frau und Tochter. Auch wir haben einiges zu besprechen, da ich die nächste Reise noch mitfahre. Nach dem Abendbrot verabschiedet sich meine

Tochter. Sie arbeitet und wohnt inzwischen in Hamburg. Meine Frau wird morgen nach dem Frühstück nach Hause fahren, da sie weiß, dass ich kurz vor dem Auslaufen wohl kaum noch Zeit für sie habe. Für mich ist es auch besser so, so kann ich mich voll auf das Auslaufen konzentrieren.

Der 1. Offizier berichtet mir gerade, dass die Lade- und Löscharbeiten abgeschlossen sind und der Lotse in einer Stunde kommt. Das Auslaufen aus Hamburg verläuft ohne Probleme.

Nächster Hafen ist Thamesport. Das Wetter meint es weiterhin gut mit uns. So werde ich also noch diese Rundreise mit der „CIMBRIA" absolvieren und danach in Urlaub gehen. Mit dem Schiff hatten wir mehrere Premieren. Für mich der Anlauf eines deutschen Hafens als Kapitän. So hatte ich die Ehre, dieses Schiff erstmalig durch den Suezkanal zu führen. In Tuticorin (Indien) war die „CIMBRIA" das erste Schiff dieser Größenordnung, welches den neu fertig gebauten Containerterminal angelaufen hat. Deshalb möchte ich noch kurz davon erzählen.

Den Hafen Tuticorin kannte ich schon von Anläufen mit kleineren Reederei-Schiffen.

Die „CIMBRIA" war nun das erste Schiff, welches nach Fertigstellung den neuen Containerterminal den Hafen anlief. Geplant war, dass nach Fertigstellung der Containerpier dann der Hafen wesentlich größeren Containerschiffen angelaufen werden konnten. Demensprechend waren die Länge der Containerpier und der dafür notwendige Tiefgang ausgelegt worden.

Der Lotse kam auf Reede an Bord, wir gingen Anker auf und nahmen Fahrt auf. Ich hatte ihm wie üblich die Schiffsdaten gegeben, wie Länge, Tiefgang, Geschwindigkeit bei den einzelnen Fahrstufen, eben die Manövriereigenschaften des Schiffes. Er muss wohl nicht ganz zugehört haben, wir waren inzwischen dicht vor dem Einlauf in den Kanal, welcher mit Tonnen begrenzt war, Richtung Molen, als er noch mal nach unserer Minimum-Geschwindigkeit fragte. „Oh", sagte er „das ist viel zu schnell" und drehte vor Einfahrt in den Kanal mit Hart Steuerbord ab und fuhr zurück zur Reede. Dort wurde wieder geankert. Sorgen bereitete das Stoppen des Schiffes unmittelbar nach Passieren der Molen. Das Problem war, das nach Passieren der Molen nur wenig Raum verblieb das Schiff aufzustoppen und nach Backbord zu drehen, dahinter kam flaches Wasser mit steinigem Untergrund. Zum Einlaufen war aber eine gewisse Grundgeschwindigkeit notwendig, um das Schiff bei Wind und Strom steuerfähig zu halten. Dazu musste mit Minimum 7-9 Knoten gefahren werden, um das Schiff steuerfähig zu halten. Nun kam der Cheflotse an Bord, um gemeinsam das Einlaufen abzuklären. Ich fragte, welche Schlepper im Hafen zur Verfügung stehen. Darunter war ein Schlepper, im Gegensatz zu früher, mit über 5.000 PS.

Daraufhin schlug ich vor, den Schlepper vor die Molen zu beordern und ihn am Anfang des Kanals als Heckschlepper festzumachen, damit er nach Passieren der Molen helfen kann, das Schiff aufzustoppen. Gesagt getan, und so kamen wir sicher in den Hafen und an die Pier. Danach waren Schiffe von Maersk-Line geplant, die noch größer waren, und es wurde in der gleichen Weise festgemacht. Von Tuticorin ging es über Mundra zum Suezkanal. Es sollte die erste Suezpassage für das Schiff und auch für mich als Kapitän werden. Ich war zwar schon als 1. Offizier mehrmals durch den Suezkanal gefahren, aber eben nicht als verantwortlicher Kapitän. So hieß es, sich erst einmal mit den ganzen Formalitäten vertraut zu machen. Für die Passage benötigt das Schiff den Suezkanal-Brief. Dieses Dokument hat man vorab an Bord geschickt. Bei erstmaliger Durchfahrt werden aber von den ägyptischen Behörden alle gemachten Angaben sehr sorgfältig überprüft, da er Grundlage für die Kanalgebühren ist. Auf Reede Suez kamen diese Behörden in großer Delegationsstärke an Bord und verlangten nun alle Dokumente im Original zur Ansicht, um diese mit den Eintragungen im Suezkanal-Brief zu vergleichen. Wichtig war letztendlich, dass man den Finalstempel erhielt, dass die Papiere und somit der Kanalbrief in Ordnung war. Dabei wurde erwartet, dass als Präsent Whiskey und Zigaretten übergeben wurden. Dies tat ich reichlich, schon um ein gutes Arbeitsklima zu schaffen. Die Beamten können ansonsten durchaus sehr kleinlich werden, was nur Ärger und Verzögerungen mit sich bringt. Als die „CIMBRIA" am nächsten Morgen in den Tageskonvoi eingegliedert wurde, dazu bekam man eine Nummer, wurden wir zu meiner Überraschung als Nummer zwei eingeordnet. Zu meiner Überraschung deshalb, da wir uns mit Mühe und Not gerade noch im Zeitrahmen als einer der Letzten gemäß Meldezeitlimit für diesen Konvoi angemeldet hatten. Dies sollte auch so bleiben bei all meinen nun nachfolgenden Passagen des Suezkanals mit dem Schiff. Egal, wann ich mich anmeldete, die Kontrollen vor der Konvoi-Fahrt verliefen außerordentlich freundlich. Anschließend erhielten wir immer eine Nummer an der Spitze des Konvois, was sehr viel Zeit sparte, weil wir als einer der Ersten den Kanals passiert hatten. So konnten wir, nachdem wir uns frei gefahren hatten, schnell auf Seegeschwindigkeit gehen und unsere Reise fortsetzen.

Eine Episode noch, die südgehend beim Einlaufen von Port Said passierte. In Port Said wird immer die Klarierung für die Durchfahrt des Suezkanals durchgeführt. In der Regel wird dazu an den Tonnen festgemacht, beziehungsweise einlaufend mit St.b-Seite an der Landseite. Das Schiff sollte nun früh am Morgen in den Konvoi eingegliedert werden. Der Lotse kam an Bord, und wir fuhren von Reede Richtung Einfahrt. Es war kurz vor Sonnenaufgang, und die Sonne sich begann am Horizont zu zeigen. Der Lotse verlangte eine saubere Unterlage, und er begann pflichtgemäß sein Morgengebet in der Brückennock zu tätigen, was natürlich dauerte. Lotsenberatung hin oder her, dies war in diesem Moment nebensächlich.

Also war es meine Aufgabe, das Schiff sicher bis Port Said Hafen zu bringen. Zum Glück war der Lotse dann aber wenigstens zum Festmachen des Schiffes wieder einsatzbereit. Auf diese Besonderheiten sollte man in solchen Ländern vorbereitet sein.

Es wird nun Zeit sich vom MS „CIMBRIA zu verabschieden. Versäumen möchte ich nicht, allen Seeleuten die weiter verantwortungsvoll ihren entbehrungsreichen und harten Dienst auf See ausführen allzeit gute Fahrt eine Handbreit Wasser unter dem Kiel sowie immer eine glückliche Heimkehr zu wünschen.

Dies erinnert mich an meine Lehrzeit bei der Deutschen Seereederei Rostock.

Begonnen mit der Seefahrt als Matrosenlehrling in der Deutschen Demokratischen Republik, der das Ziel hatte, Kapitän zu werden, konnte ich mein Lebensziel und meinen Kindheitstraum erst in der Bundesrepublik Deutschland erreichen und verwirklichen. Dies ist auch der Grund warum ich sage, gerade, weil wir nun Hamburg anlaufen, ich bin angekommen. Hier schließt sich ein Kreis, der im Jahre 1966 begann.

Der Kapitän der „CIMBRIA" mit seinen Offizieren zu Weihnachten in der Messe.

* * *

Herkunft, Kindheit, Jugend

Geboren 1950 in Schlieben, einer kleinen Stadt in der Lausitz im heutigen Bundesland Brandenburg.

Der sogenannten erste Arbeiter- und Bauern-Staat Deutschlands, die DDR existierte noch nicht einmal ein halbes Jahr, sollte aber dann Einfluss nehmen auf meine Entwicklung und mein Leben bis zu seinem Zusammenbruch im November 1989.

Meine Oma sagte immer, ich gehe mit dem halben Jahrhundert.

Schlieben ist eine über tausendjährige kleine reizvolle Stadt in der Lausitz, gelegen am ehemaligen Handelsweg nach Leipzig, heute Bundesstraße 87. Das Stadtbild wird geprägt vom Marktplatz mit seiner sehr schönen Backsteinkirche.

Dort wurde ich nach dem damaligen Brauch getauft. Der sozialistische Arbeiter- und- Bauern-Staat hatte andere Sorgen, als sich mit der Kirche zu beschäftigen. Dies sollte erst später ein Thema für Staat und Regierung werden. Der Lange Berg mit seinem wunderschönen alten Baumbestand und der Kirchturm sind schon von weiten zu sehen, wenn man sich Schlieben nähert. Dort befindet sich der Friedhof und zu damaliger Zeit ein Ausfluglokal mit Kegelbahn sowie der Fußballplatz. Weiterhin ein Turm zum Gedenken an die Gefallenen der Weltkriege, von wo aus man eine schöne Aussicht auf die Umgebung von Schlieben hat. Nicht zu vergessen die Steigemühle mit einem kleinen Teich, der zum Baden genutzt wurde und bei den Anglern sehr beliebt war und noch heute ist. Auf dem Langen Berg findet auch jedes Jahr das Pfingstsingen statt, welches eine lange Tradition hat. Die terrassenförmigen Flächen vor dem Gedenkturm wurden genutzt bei Festlichkeiten der Stadt. Eine Besonderheit der Stadt Schlieben sind noch ihre Weinkeller. Das sind künstlich in den Langen Berg getriebene Keller, die früher zum Lagern von Wein und Vorräten aller Art genutzt wurden. Einmal im Jahr werden einige davon als Weinkeller während des Moienmarktes (ein altes traditionelles Marktfest) geöffnet, das jeweils in der ersten Juliwoche des Jahres stattfindet.

Meine Ausführungen über Schlieben sind deshalb etwas länger, weil ich dort oft meine Schulferien bei meiner Oma, Tante und Onkel verbrachte. Diese hatten neben meiner Mutter einen maßgeblichen Einfluss auf meine Entwicklung und Erziehung. Ein tiefer Einschnitt in meiner Kindheit war der Tod meines Vaters im Jahre 1962. Meine Eltern waren inzwischen nach Buchhain, einem kleinen Dorf ca.10 km entfernt von Schlieben, verzogen. Wir wohnten dort zuletzt in einer Molkerei, in der mein Vater als Buchhalter beschäftigt war. Meine Mutter arbeitete als Leiterin des örtlichen Kindergartens. Die Molkerei lag zwischen Buchhain und Nexdorf direkt am Rande der Wälder. Für uns Kinder, meinem Bruder und meiner Schwester war es ein ideales Umfeld zum Spielen. Unsere Wohnung war für damalige Zeiten riesengroß und schon mit fließendem Wasser, Bad und Innentoilette sowie teilweiser Zentralheizung ausgerüstet, was nicht gerade üblich war. Später wurde sie aber geteilt, so dass noch ein Mieter dort wohnte. Der Tod meines Vaters veränderte radikal die Lebenssituation unserer Familie. Mein Vater nahm sich das Leben, meine Mutter erzählte mir später, er sagte am Morgen noch Tschüss, was er sonst nie getan hat. Man fand ihn dann später im nahegelegenen Wald. Für uns Kinder war es unfassbar und wir konnten nicht verstehen warum. Meine Mutter musste von heute auf morgen allein mit drei Kindern klarkommen. Es folgte eine schwere Zeit für sie, um uns drei Kinder durchzubringen. Die Molkerei wurde später still gelegt, und damit war Schluss mit fließend Wasser und Zentralheizung. Das Wasser mussten wir fortan mühsam direkt vom Brunnen holen, der im nahen Wald lag, was besonders im Winter beschwerlich war. Bis zur 7. Klasse besuchte ich die Grundschule in Buchhain.

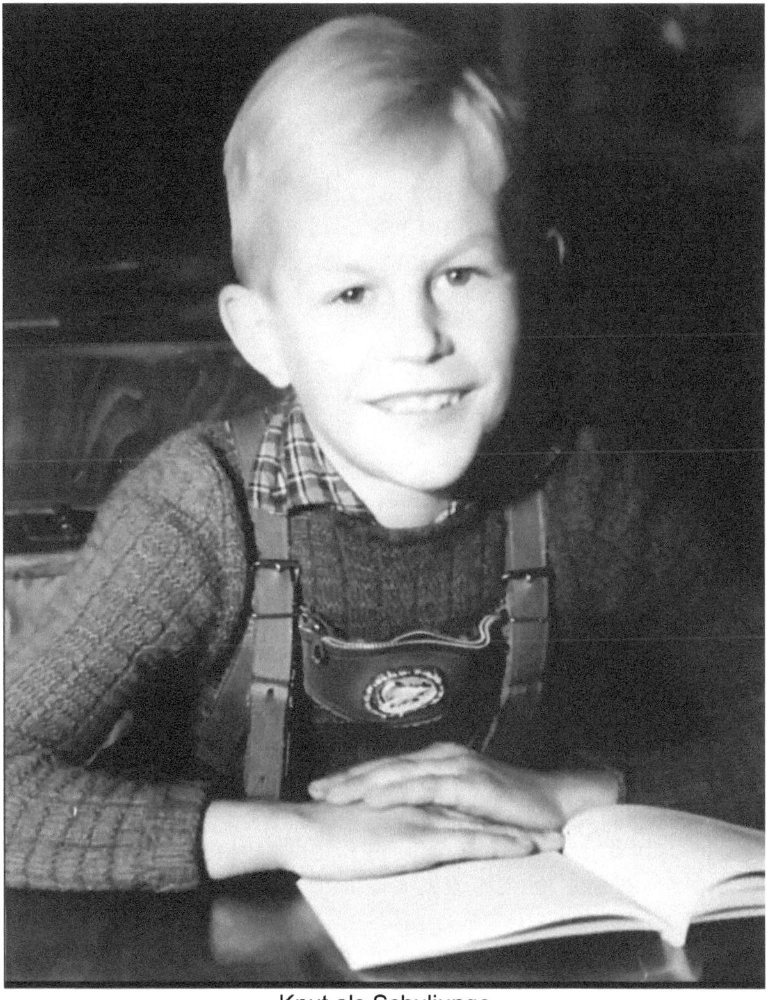

Knut als Schuljunge

Dies bedeutete die erste Zeit, bei jedem Wetter zu Fuß beziehungsweise mit dem Fahrrad die zwei Kilometer zur Schule zu bewältigen, bis endlich dann später ein Schulbus eingesetzt wurde. In der

Schule war ich immer ein guter Schüler, mein alter Lehrer sagte stets, ich könnte ein sehr guter sein, wenn ich mich endlich mal richtig bemühen und anstrengen würde. Dieser Lehrer weckte auch mein Interesse für das Fach Chemie. Dieses Fach wurde mein Lieblingsfach, und ich hatte bis zum Abitur immer ein „Sehr gut" im Zeugnis zu stehen. Im Fach Chemie nahm ich dann auch später recht erfolgreich an den damals üblichen Chemieolympiaden teil. Wer weiß, wäre ich nicht Seemann geworden, hätte ich wohl etwas mit Chemie gelernt und studiert. Nur das Fach Deutsch, insbesondere die Rechtschreibung und Grammatik bereitete mir schon damals doch erhebliche Schwierigkeiten. Wie sagte man so schön, „mir und mich kenne ich nicht", die örtliche Umgangssprache hatte mich sehr geprägt. Denn Jahre später, nun als Erwachsener und im Deutsch etwas geläutert, sträubten sich mir immer meine Haare, wenn meine Mutter zu Besuch war und sie in ihrer Umgangssprache zu erzählen begann. Sie konnte ja nichts dafür, sprach nur den Dialekt unserer Gegend. Die mangelhafte Rechtschreibung kostete mich später manch gute Zensur, da meine Arbeiten in der Regel deshalb eine Note runter gesetzt wurden. Vom Verhalten her war ich nicht gerade ein Engel. Sowie im Dorf etwas los war, ich war immer dabei und bereitete so meiner Mutter manchen Kummer. Doch Mutter war damals nicht zögerlich in ihrer Erziehung, da gab es oft etwas mit dem Teppichausklopfer oder Handfeger. In der heutigen Zeit undenkbar, dies würde heutzutage glatt unter die Rubrik Kindesmisshandlung fallen. Im Nachhinein muss ich aber sagen, geschadet hat es nicht, im Gegenteil, so lernte ich als Kind Grenzen meines Handelns kennen und zu akzeptieren. Nach dem Abschluss der 7. Klasse musste ich, um die mittlere Reife zu erreichen, die Schule wechseln.

Natürlich war ich auch Mitglied der „Jungen Pioniere" geworden und trug stolz wie alle Kinder das blaue Halstuch. Ich wuchs in diesem Staat auf, und der staatliche Einfluss war überall. Wo sollte ich was anderes kennenlernen, wer sollte mir etwas über Demokratie und Freiheit erzählen? Als Kind hätte ich es sowieso noch nicht verstanden. Heute gehen die Kinder in die Waldorfschule, werden Pfadfinder oder gehen wieder zu den kirchlichen Veranstaltungen.

Die Erziehung der Kinder ist vorrangig eine Aufgabe der Eltern, aber auch der Staat trägt bei der Orientierung und Erziehung der Kinder und Jugendlichen eine große Verantwortung. Uns Kindern und den Menschen in der ehemaligen DDR wurden täglich die Vorzüge des sozialistischen Systems verkündet, so dass viele, zumindest damals in den Anfangsjahren doch noch daran glaubten, dass der Sozialismus der bessere Weg sei.

Während der Schulferien und zu allen Feiertagen sowie an vielen Wochenenden fuhr ich mit dem Fahrrad zu Besuch zu meiner Oma Minna, der Mutter meines Vaters, sowie Tante und Onkel, die weiterhin in Schlieben lebten. Ich hatte dort schon Freunde gefunden und der Lange Berg war ein vorzüglicher Spielplatz. Tante und Onkel hatten ihre Wohnung auf dem gleichen Flur wie Oma, sie teilten sich die Wohnung und hatten keine Kinder. Meine Oma war trotz ihrer Einfachheit sehr gebildet, und alle zusammen hatten einen wesentlichen Einfluss auf meine Erziehung. Ich sehe Oma heute noch vor mir, mit ihrem grauen Dutt, immer sauber akkurat gekleidet, die Wohnung blitzblank. Mein Gästebett befand sich in ihrer Vorratskammer (ohne Ofen / Heizung) und im Herbst / Winter war ich vom herrlichen Duft der dort eingelagerter Äpfel und Birnen umgeben. Aus Omas Stube hörte ich ihr Chronometer leise die Stunden schlagen. Hier bei ihr lernte ich gutes Benehmen und das Erfüllen kleiner Pflichten, so musste ich stets Kohle, Holz und Wasser hochtragen. Ihre Wohnung hatte keinen Wasseranschluss, und die Toilette war, wie damals noch häufig üblich, auf dem Hof. In ihrem großen Garten, den sie zusammen mit meiner Tante und Onkel bewirtschaftete, war auch immer etwas für mich zu tun, worauf meine spätere Abneigung für Gartenarbeit beruhte. Der Gerechtigkeit halber muss aber gesagt werden, die Liebe zur Gartenarbeit kommt nach meiner Meinung etwas später mit dem Alter, zumindest bei mir war es so. Heute beschäftige ich mich gerne in unserem Garten. Das sollte aber nicht in Muss oder Stress ausarten. Nur zu damaliger Zeit konnte ich mich nicht dafür begeistern, und ich führte sie immer recht unlustig aus. Oma vertrat aber stets die Meinung, wer etwas essen möchte sollte auch etwas dafür tun, gebratene Tauben fallen nicht vom Himmel. In den Sommerferien war der Gang zum Friedhof Pflicht. Sie pflegte das Grab meines Opas und hatte noch fünf oder sechs Gräber in Pflege, um ihre kleine Rente aufzubessern. Meine Aufgabe war dabei, ihr das Wasser zum Gießen heranzutragen.

So lernte ich bei ihr das Andenken der Verstorbenen zu ehren. Später dann habe ich bei meinen Kindern versucht dies weiterzugeben. Meine Tante und mein Onkel bezogen bald eine sehr schöne neue 2 ½ Zimmer-AWG-Wohnung. Sie hatten dafür lange die damals notwendigen AWG-Stunden abgearbeitet, um endlich Anspruch auf eine eigene Wohnung zu haben, so dass ich fortan das Kinderzimmer bei meiner Tante und Onkel in Beschlag nahm, zumal sie schon im Besitz eines Fernsehgerätes waren. Da beide am Tage arbeiteten, war ich tagsüber unter Omas Fittichen und hatte mich am Abend bis spätesten 18.30 Uhr bei meiner Tante und Onkel einzufinden. Um diese Zeit wurde jeden Tag warm zu Abend gegessen. Die Arbeit danach wurde gerecht aufgeteilt. Einer wusch ab, der Andere trocknete ab und der Dritte stellte das Geschirr weg. Diese Arbeitsteilung wurde auch am Wochenende beibehalten. Stand große Wäsche an, so hatten mein Onkel und ich die Aufgabe die Wohnung zu säubern, Staubsaugen, Wischen, Putzen, also die üblichen Hausarbeiten, während meine Tante in der Waschküche war. Es wurde damals noch alles per Hand gewaschen, Waschmaschinen kamen erst später auf den Markt und waren nicht sofort für alle erschwinglich. Wir beide, mein Onkel und ich setzten unseren ganzen Ehrgeiz ein, alles perfekt zu säubern, um nicht den Unmut der Tante zu erregen. Dieser Fimmel für Hausarbeiten verfolgt mich noch bis zum heutigen Tag. Letztendlich sollten diese Arbeiten mir aber später auf dem Lehrschiff als Matrosenlehrling sehr zugute kommen.

Die Abende verbrachten wir zusammen. Fernsehen durfte ich nur bestimmte Sendungen, wie „Willi Schwabes Rumpelkammer". Da kam sogar meine Oma immer extra rüber. Dann die großen ARD-Eurovision-Sendungen vom Westfernsehen und natürlich die Sportsendungen. Westfernsehen wurde geschaut, egal ob Vater Staat es verteufelte oder nicht. Wir machten auch viele Ratespiele, so kannte ich damals zum Beispiel so gut wie alle Hauptstädte der Welt. Ich lernte Doppelkopf, Rommee, Mühle und Dame, Halma und später Skat kennen. Ich finde, das warn sinnvolle Beschäftigungen. Ach ja, das Essen: Meine Oma war eine phantastische Köchin alter Schule, sie hatte früher noch bei Herrschaften in Berlin gekocht, wobei meine Tante ihr in nichts nachstand. So hatte ich an jedem Sonntag die Wahl, wo ich zum Mittagessen ging. Meine Oma kannte meine Abneigung gegenüber allem, was mit Schaf zusammenhing und gekocht wurde. Eines Sonntags hatte ich mal wieder die Auswahl, Schnitzel mit Blumenkohl bei der Tante, oder Rehbraten bei der Oma. Da Rehbraten in dieser Zeit etwas Besonderes war, zog ich guten Mutes natürlich zur Oma, um dort den Rehbraten zu genießen. Es hat auch wie immer sehr gut geschmeckt, und ich hatte mächtig zugelangt, da ich zu der Zeit ein tüchtiger Esser war. Nach dem Essen fragte Oma dann scheinheilig. „Na mein Junge hat es dir geschmeckt?“ Ich sagte: „Ja“. „Was meinst du wohl, was du gegessen hast?“, fragte sie. Ich: „Natürlich Rehbraten.“ „Ach was“; sagte sie, „das war eine Lammkeule!“ Au Backe, ich hatte nichts davon gemerkt dank ihrer vorzüglichen Kochkünste. Da kann jeder mal wieder sehen: Einbildung kann auch eine Bildung sein.

Oma, Tante und Onkel waren sehr an meinen schulischen Leistungen interessiert. Nachdem ich mein Zeugnis nach Erhalt zuerst meiner Mutter gezeigt hatte, wurde es beim nächsten Besuch in Schlieben begutachtet. Ihre Kritik nahm ich mir immer sehr zu Herzen. Während der Schulzeit war ich ja zu Hause und versuchte nach dem Tode meines Vaters meiner Mutter so viel wie möglich zu helfen. Mein Bruder ging schon mit 15 Jahre arbeiten, um meine Mutter finanziell zu unterstützen. In den Sommermonaten gingen wir auch oft in den nahen Wald, um Pilze zu sammeln, die anschließend verkauft wurden, um die Haushaltskasse aufzubessern.

Für die 8. -10. Klasse musste ich nun in die nächste Stadt nach Doberlug-Kirchhain, um dort die Allgemeine Polytechnische Oberschule zu besuchen. Die Umstellung fiel mir recht schwer. Eine neue Umgebung, fremde Mitschüler, mit meinem Selbstvertrauen war es damals nicht weit her. Viele aus meiner neuen Klasse kamen, wie man so sagt, aus gutem Hause, dem Mittelstand dieser Stadt. Deren Eltern waren meist Selbstständige, also durchaus für damalige Zeiten vermögend. Dazwischen nun ich, ein Nichts, ich konnte zum Beispiel nicht jeden Tag andere Sachen zur Schule anziehen, dieser Unterschied fiel mir als Erstes auf. Die einzige Chance, die ich hatte, war, mit schulischen Leistungen auf mich aufmerksam zu machen. So wurde aus mir ein strebsamer Schüler, der nicht zuletzt immer als positives Beispiel herhalten musste. In der 8. Klasse wurden die „Jungen Pioniere“ in die „FDJ“ (sozialistische Jugendorganisation „Freie Deutsche Jugend“) aufgenommen. So wurde also auch ich Mitglied der FDJ. Ich sah es als selbstverständlichen und logischen Schritt an. Damit ging meine Kindheit zu Ende. Alles in allem, trotz aller Einfachheit und ohne Luxus, verbrachte ich eine wunderschöne Kindheit auf dem Lande und denke mit Dankbarkeit zurück.

Nun wurde es langsam Zeit, daran zu denken: Was willst du eigentlich später für einen Beruf ergreifen. Solange ich denken kann, habe ich auf die Frage: „Was willst du mal werden?“ stets geantwortet: „Matrose und Kapitän“. Ich weiß nicht warum, dieser Wunsch kam einfach aus meinem Inneren heraus. So wie andere sagen, ich werde Schauspieler oder Arzt. Vielleicht habe ich die Ader, zur See zu fahren von meinem Vater geerbt, der während des II. Weltkrieges bei der Kriegsmarine seinen Dienst tat. Oder es waren die Urlaube mit meiner Tante und meinem Onkel in Bansin auf der schönen Insel Usedom. Dort lernte ich zum erste Mal das Meer kennen, sah die Schiffe vorbeiziehen, die Richtung Stettin unterwegs waren. Ein unvergessliches Erlebnis. Es stand fest, ich wollte unbedingt später zur See fahren. Da war guter Rat teuer, niemand aus meiner Familie oder Bekanntschaft wusste einen Weg, wie und wo es sich zu bewerben galt. Zuerst musste erkundet werden, welche Möglichkeiten es überhaupt gab zur See zu fahren. Meine Tante unterstützte intensiv meinen Berufswunsch. Sie war es auch, die den ersten Kontakt herstellte. Es gab in der damaligen DDR nur drei Möglichkeiten zur See zu fahren, bei der Volksmarine mit späteren Besuch der Offiziershochschule „Karl Liebknecht” in Stralsund, in der Fischereiflotte oder bei der Deutsche Seereederei Rostock mit dem Beruf Vollmatrose sowie späterer Besuch der Seefahrtschule Wustrow. Binnenschiffer wollte ich nicht werden. Da ich unbedingt in die große weite Welt hinaus wollte, war klar, ich musste mich bei der Deutschen Seereederei Rostock bewerben. So habe ich mich schon 1964 bei der Deutschen Seereederei Rostock beworben. Natürlich war dies viel zu früh und ich erhielt als Antwort, mich mit dem Abschlusszeugnis der 9. Klasse erneut zu bewerben. Zumindest hatte ich schon einen Teilerfolg, ich wurde vorgemerkt mit dem Hinweis weiter meine schulischen Leistungen kontinuierlich zu steigern und an der gesellschaftlichen Arbeit aktiv teilzunehmen.

Mit 14 Jahren wurden wir mit der Jugendweihe feierlich in den Kreis der Erwachsenen aufgenommen. Da ich nach meiner Geburt in der Kirche von Schlieben getauft worden war, bestand meine Mutter unbedingt darauf, dass ich noch konfirmiert werde. So musste ich damals fleißig alle Konfirmandenstunden besuchen, wozu ich aber nicht gerade Lust hatte. Sie war der Meinung: „Junge, du weißt nie, welche Frau du später findest." Es war ja noch in den Dörfern zu damaliger Zeit weit verbreitet, kirchlich zu heiraten. Im Jahre 1965 hatte ich dann Konfirmation. Im Übrigen war ich nicht der Einzige, der diesen Weg gegangen war. Heute bin ich ihr dankbar dafür, denn inzwischen habe ich eine ganz andere Einstellung zu Glauben und Kirche. Es war wohl ein schwerer Fehler, nicht nur in der DDR, sondern im ganzen sozialistischen Lager, dass den Menschen ihr Glaube an Gott genommen werden sollte. Die Suche nach Kompromissen und die Annäherung der Staatsführung an die Kirche zum Ende der DDR sollten zu spät kommen. Atheisten und Gläubige egal welcher Glaubensrichtung hätten durchaus auch in einem sozialistischen Staat ihr Auskommen und ihre Daseinsberechtigung gehabt. Der Glaube gibt insbesondere den einfachen Menschen Halt und Kraft. Betrachtet man den Lauf der Geschichte der Menschheit, so haben eigentlich über die Jahrtausende nur die Religionen überlebt, in welcher Art auch immer. Dynastien und große Reiche sind gekommen und gegangen, aber z. B. der katholische / evangelische Glaube, der Glaube an den Propheten Mohamed, um nur einige zu nennen, haben überlebt. Obwohl alle Glaubensrichtungen vom Grunde her nur Gutes für ihre Menschen wollen, hat Glaubensfanatismus viel Leid im Laufe der Jahrhunderte über die Menschen gebracht. Nicht einmal in der heutigen Zeit ist der Mensch in der Lage, tolerant gegenüber Andersgläubigen zu sein.

Ziel für die noch verbleibende Schulzeit musste also ein guter Abschluss der 10. Klasse sein, um meinem Berufswunsch näher zu kommen. Die aktive gesellschaftliche Arbeit kam von allein. Auf Grund meiner guten schulischen Leistungen wurde ich zum FDJ-Sekretär meiner Klasse vorgeschlagen und auch gewählt. Diesen Posten sollte ich bis zu meinem Schulabschluss behalten.

In dieses Alter fällt auch die Zeit, wo sich jeder das erste Mal unsterblich verliebt, ausgelassen die so genannte Kinderliebe, die ich natürlich auch hatte. Ich verliebte mich ausgerechnet in ein Mädchen aus meiner Klasse. Geschmäcker sind ja verschieden, aber für mich war Karla damals das schönste Mädchen der Welt. Mir gefielen am meisten ihre blauen Augen und ihr tiefschwarzes Haar. Sie hatte indirekt und unwissentlich einen sehr großen Einfluss auf meine Entwicklung. Sie weiß davon bis heute nichts. Natürlich, wie sollte es auch anders sein, kam sie für mich aus einer anderen gesellschaftlichen Schicht und dies paradoxerweise in unserer doch eigentlich klassenlosen Gesellschaft. Ihre Eltern kamen aus der begüterten Mittelschicht und hatten ein eigenes Geschäft. Dies belastete und hemmte mich doch sehr, denn wir waren dagegen im Vergleich arm wie eine Kirchenmaus. Aber so eine erste Liebe, das ist schon heftig. Jeder, der das Glück hatte es zu erleben, weiß, wovon ich spreche. Dazu muss gesagt werden, dass die damalige Jugend noch nicht so frei alles auslebte wie unsere heutigen Jugendlichen. Es war noch viel Romantik dabei, Händchen halten und so. Als unter dem Sternzeichen Fisch geborener, war ich oft ein Träumer und kein Draufgänger. Sie gehörte in der Schule zu den sehr guten Schülerinnen in meiner Klasse und stand leistungsmäßig immer vor mir. Dies spornte mich unheimlich an, um meine Leistungen in der Schule zu verbessern. So wurde sie unbewusst zum Motor und Antreiber meiner schulischen Leistungen.

Inzwischen hatte ich mich mit dem Abschlusszeugnis der 9. Klasse erneut bei der Deutschen Seereederei beworben und war angenommen worden. Dies alles ohne Beziehungen, wie heute immer vermutet wird. Meine Mutter war weder in der Partei, noch hatte sie irgendwelche großen Gönner im Hintergrund. Meine Klassenlehrerin versuchte noch meine Mutter zu überzeugen, dass ich unbedingt auf die Erweiterte Oberschule (EOS) wechseln müsste, um dort das Abitur zu machen. Aber Mutter lehnte ab, sie konnte und wollte auch nicht noch weitere zwei Jahre diese Belastungen tragen. Mir war es eigentlich recht, ich hatte meinen Lehrvertrag als Vollmatrosenlehrling in der Tasche. Weiter wusste ich, dass zum Schulbesuch an der damaligen Seefahrtschule Wustrow der Abschluss der 10. Klasse ausreichte. Das war ein großer Tag, ich konnte nun endlich Seemann werden.

* * *

Matrosenlehrling bei der DSR

Fracht- und Lehrschiff „THEODOR KÖRNER”

Nach Abschluss der Schule fieberte ich meinem ersten Einsatz als Matrosenlehrling entgegen. Endlich war es soweit, ich sollte am 31. August 1966 auf dem Fracht- und Lehrschiff „THEODOR KÖRNER” anmustern.

Im Voraus erhielt ich das für meine Tätigkeit als Matrosenlehrling notwendige Seefahrtsbuch mit Sichtvermerk.

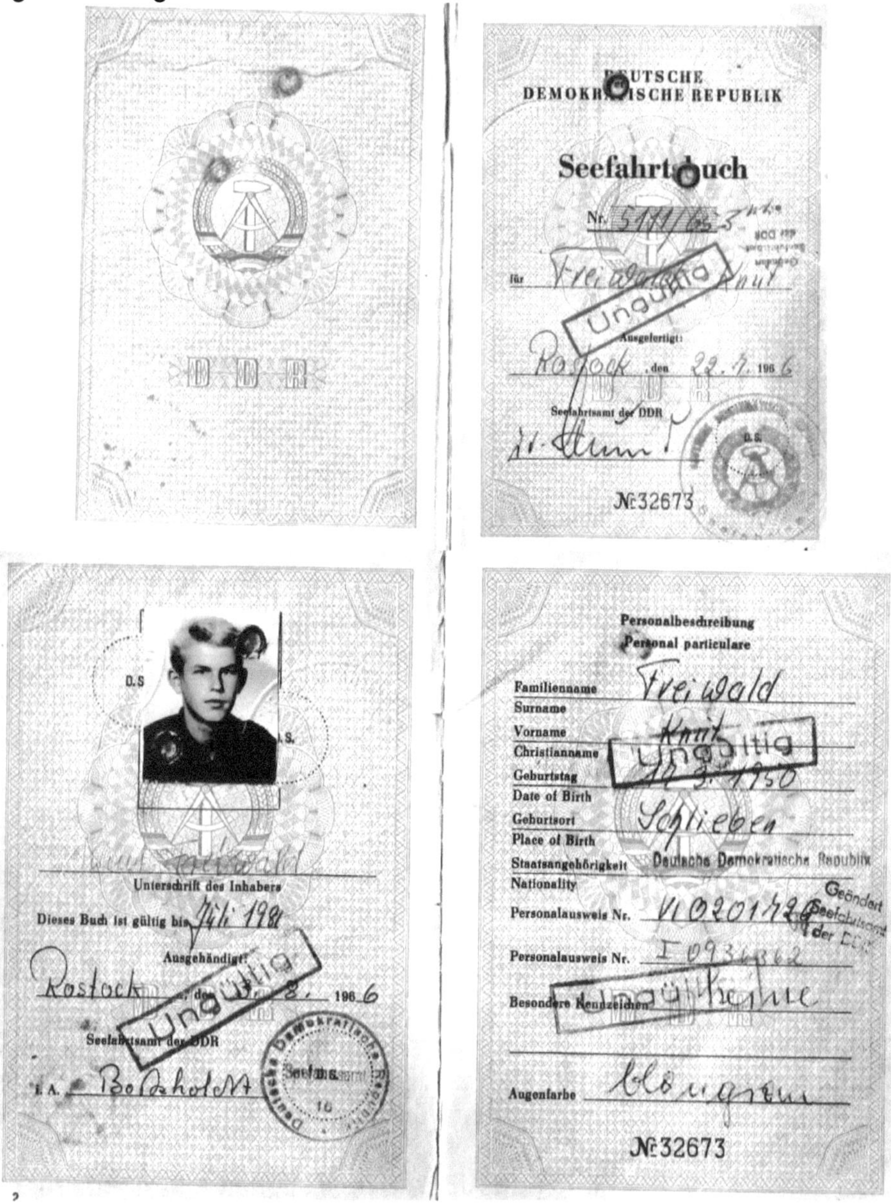
DDR

DEUTSCHE DEMOKRATISCHE REPUBLIK

Seefahrtsbuch

Nr. 5111/63

für Freiwald Knut

Ungültig

Ausgefertigt:

Rostock, den 22.7.1966

Seefahrtsamt der DDR

D.S.

№32673

D.S.

Unterschrift des Inhabers

Dieses Buch ist gültig bis Juli 1981

Ausgehändigt:

Rostock, den .8. 1966

Ungültig

Seefahrtsamt der DDR

i. A. Bockholdt

Deutsche Demokratische Republik Seefahrtsamt 16

Personalbeschreibung
Personal particulars

Familienname / Surname: Freiwald

Vorname / Christianname: Knut

Ungültig

Geburtstag / Date of Birth: 19.3.1950

Geburtsort / Place of Birth: Schlieben

Staatsangehörigkeit / Nationality: Deutsche Demokratische Republik

Personalausweis Nr. VI 0201426

Geändert Seefahrtsamt der DDR

Personalausweis Nr. I 0934862

Besondere Kennzeichen: Ungültig keine

Augenfarbe: blaugrau

№32673

Dies war von der Deutschen Seereederei bei den entsprechenden Sicherheitsorganen und Behörden beantragt worden. Bei diesem Verfahren war ich außen vor und hatte keinerlei Einflussmöglichkeiten. Die Voraussetzungen für den Erhalt des Seefahrtsbuches / Sichtvermerkes waren mir damals unbekannt.

Endlich war es so weit. Die Reederei hatte zum Anmustern auch die Eltern eingeladen, damit sie sich ein Bild machen konnten, wo ihre Sprösslinge jetzt für ein Jahr zu Hause sein werden. Meine Mutter hatte für den Anreisetag mit Hilfe eines Bekannten, der im Rostocker Hafen arbeitete, in deren Wohnlager Rostock-Gehlsdorf eine Unterkunft besorgt. Nach mühseliger Anreise per Bahn trafen wir am späten Abend des 30. August 1966 dann in Rostock ein und fuhren mit der Straßenbahn, die damals noch nach Gehlsdorf fuhr. Viel zu sehen von meinem zukünftigen Heimathafen bekam ich wegen der Dunkelheit nicht. Trotz der Aufregung habe ich doch recht gut schlafen können, da der Tag lang und anstrengend war. Am nächsten Morgen ging es dann mit dem Linienbus zum Hafen. Erstmalig sah ich nun den Hafen. Die Piers waren alle belegt mit für mich großen Frachtern. Mein Schiff die „THEODOR KÖRNER“ lag im A-Becken vertäut. Welch ein Anblick!

Bundesarchiv, Bild 183-D1008-0001-007
Foto: Link, Hubert | 8. Oktober 1965

Die „THOEODOR KÖRNER“ war ein damals schon älteres Fracht- und Passagierschiff, welches unter anderem während des II. Weltkrieges als Truppentransporter im Einsatz war. Die Reederei hatte es angekauft und für den Zweck Ausbildungsschiff entsprechend umbauen lassen. Die Besatzung bestand aus der Stammbesatzung, zwei Brigaden Lehrlinge aus dem 2. Lehrjahr und aus den neuen Lehrlingen des nächsten Ausbildungsjahres. Das Schiff sollte nun für ein Jahr meine neue Heimat werden. Da an diesem Tage die neuen Lehrlinge anmusterten, war ein recht hektischer Betrieb.

Meine Mutter und ich wurden an der Gangway in Empfang genommen. Nachdem geklärt war, welcher Brigade und welchem Lehrbootsmann ich zugeteilt war, wurden wir in meine zukünftige Kammer geführt. Meine Kammer war die Kammer 4 D-Deck Steuerbord-Seite. An jeder Kammer war ein Schild angebracht mit den Namen der Kammerinsassen. Welch eine Überraschung als ich auf der Liste auch den Namen meines Freundes Kanne aus Schlieben fand. Wir waren nicht nur derselben Kammer zugeteilt, sondern arbeiteten auch in der gleichen Brigade. Mit Kanne hatte ich in den letzten Jahren immer in Schlieben während der Ferien gearbeitet, um etwas Geld zu verdienen. Es war meist eine Truppe von zukünftigen Schulabgängern, welche im örtlichen Landbaukombinat halfen, Kabelschächte auszuheben oder andere einfache Arbeiten verrichteten. Dabei war auch Kanne. Er erzählte mir, dass er einen Lehrvertrag als Schlosserlehrling habe, während ich ihm stolz berichtete, dass ich einen Lehrvertrag als Matrosenlehrling bei der Deutschen Seerederei Rostock hätte. Er war damals sehr interessiert und sagte, er wollte eigentlich auch immer Matrose werden. Ich hatte ihn schon eine ganze Weile nicht mehr gesehen und nun traf ich ihn erneut. Als Erstes berichtete er mir, dass er sich auch noch in Rostock bei der Reederei beworben hatte und angenommen worden war. Daraufhin hatte er seinen Lehrvertrag als Schlosserlehrling gekündigt und wartete nun ebenfalls auf seinen ersten Einsatz auf einem unserer damaligen Lehrschiffe „THEODOR KÖRNER“, „HEINRICH HEINE“ oder „J. G. FICHTE“.

„J. G. FICHTE“

Es war schon ein großer Zufall oder die Vorsehung, dass wir

beide uns hier auf der „THEODOR KÖRNER“ wieder trafen. So hatte ich gleich von Anfang an einen Bekannten und fühlte mich nicht so fremd. Daraus entwickelte sich eine tiefe Freundschaft. Ich hatte einen Kumpel gefunden, auf den stets Verlass war. Wir sollten fast 10 Jahre gemeinsam zur See fahren. Erst nach dem Studium, dann als 4. Nautischer Offizier, trennten sich unsere Wege. Noch heute halten wir Kontakt.

Meine Mutter konnte einen Eindruck vom Schiff mit nach Hause nehmen, und es nahte der Augenblick des Abschieds. Ich werde nie ihre letzten Worte beim Abschied vergessen. „Junge“, sagte sie, „du rauchst nicht, du trinkst nicht und mit Mädchen hast du wahrscheinlich auch noch nichts gehabt, mal sehen wie du wieder kommst.“ Na, in diesen Dingen änderte sich schon etwas im Laufe der Zeit. Wir waren jung und voller Tatendrang und wollten etwas erleben. Letztendlich war ich froh, als meine Mutter sich auf den Nachhauseweg machte, da mein Interesse doch schon auf das Schiff gerichtet war.

Da ich einer der Ersten war, der von den neuen Lehrlingen an Bord kam, wurde ich sofort zum Dienst eingeteilt. Die ersten 8 bis10 Lehrlinge wurden dazu verdonnert, erst einmal für die Mittagsmahlzeit des nächsten Tages Kartoffeln zu schälen. Wenn man bedenkt, die Besatzung bestand, wenn ich mich recht erinnere, wohl aus gut 160 Besatzungsmitgliedern, so kann sich jeder vorstellen, welche Arbeit uns bevorstand. Es waren 3 ½ riesige Töpfe mit geschälten Kartoffeln zu füllen. Unser Glück war es, dass die Kartoffellast gerade frisch aufgefüllt wurde, und wir begannen natürlich zuerst alle großen daraus auszuwählen, nicht ahnend, dass die Reise noch lange dauern würde und wir irgendwann an die kleinen Kartoffeln ran mussten. Kartoffelschälen war eine beliebte Strafabkommandierung unserer Lehrbootsleute für Vergehen jeglicher Art. Nachdem alle neuen Lehrlinge angereist waren, erfolgte die erste generelle Einweisung, danach das Fassen der Dienstkleidung. Dazu ging es in geschlossenen Gruppen zum VEB Schiffsversorgung, Abteilung Kleiderkammer.

Uniform tragen war Pflicht während der Ausbildung.

Der Autor in Lehrlings-Uniform

Das Ausbildungsteam bestand aus dem leitenden Ausbildungsoffizier und seinen Ausbildungsoffizieren, welchen der theoretische Unterricht in den allgemeinbildenden Fächern oblag. Dazu kamen ein Lehroberbootsmann und seine Lehrbootsleute, welche die praktische seemännische Ausbildung verantworteten. Für die theoretische Ausbildung hatten wir unter Deck unsere Klassenräume. Die praktische Ausbildung erfolgte unter Aufsicht der Lehrbootsleute an Deck, eingebunden in den normalen Arbeitsdienstplan des 1. Offiziers (auch Chief Mate genannt). Die „THEODOR KÖRNER" war zu diesem Zweck mit verschiedenartigen Ladesystemen, Luken-Abdeckungen, Rettungsbooten etc. ausgerüstet, so dass eine gute praktische Ausbildung gewährleistet war. Die Brigaden erhielten im Wechsel eine Woche Theorie- und dann eine Woche Praxisunterricht. Der Praxisunterricht enthielt auch den Dienst auf der Brücke.

Eingesetzt war die „THEODOR KÖRNER" im Liniendienst Europa – Cuba – Mexiko – Europa.

„THEODOR KÖRNER"

Als Häfen wurden angelaufen von Rostock ausgehend Antwerpen – London – Vera Cruz – Tampico – Havanna und diverse kleine Häfen auf Kuba, um jeweils Zucker in Säcken, Rum in Fässern oder anderes Stückgut zu laden. Danach ging es meistens direkt zurück nach Rostock. Für uns Neulinge eine Traumreise.

Nachdem die Lade- und Löscharbeiten abgeschlossen waren, wurde das Schiff zum Auslaufen klar gemacht.

Es war eine spezielle Ehrung und Gruß der „THEODOR KÖR-

NER“ an den jeweiligen Hafen, dass zum An- und Ablegen Breitseite gepfiffen wurde. Dazu trat die Lehrlingsbesatzung inklusive Lehrkörper in Uniform an der jeweiligen Landseite an, und es spielte der bordeigene Spielmannzug.

Der bordeigene Spielmannszug

Es war schon ein feierlicher und erhebender Augenblick, wie das Schiff unter Trommel- und Fanfarenklängen in den Hafen einlief verließ oder ihn wieder verließ. Auch ein erhebender Anblick in diesem Fall für die Urlauber, die das Auslaufen immer von der Mole Warnemünde verfolgten.

Es sollten drei Monate vergehen, ehe wir wieder im Heimathafen ankamen. Das Schiff wurde damals vom bekannten und verdienstvollen Kapitän Herbert Schickedanz geführt. Kapitän Schickedanz war schon über Sechzig und von altem Schrot und Korn. Bürstenhaarschnitt, straffes Auftreten, wie ein Abbild der Offiziere der ehemaligen kaiserlichen Marine. Immer wenn er eine Ansprache hielt, benutze er ein Monokel, so etwas habe ich im Nachhinein nie wieder gesehen. Wir hatten alle großen Respekt vor ihm und sein großer Kammerrundgang am Monatsende war stets gefürchtet. Das Schiff fuhr auslaufend Rostock durch das Kattegat und Skagerrak, denn der Nord-Ostsee-Kanal war für uns tabu. Es sollte jegliches Risiko einer möglichen Republikflucht von Besatzungsmitgliedern vermieden werden. Diese Angst vor möglichen Republikfluchten hatte über Jahrzehnte hinweg eine Flut von Maßnahmen und Vorschriften zur Folge, sowohl vonseiten der Reederei als auch von den entsprechenden verantwortlichen Sicherheitsorganen. Dies machte es im Nachhinein immer schwieriger, überhaupt noch in den Besitz eines Seefahrtsbuches zu kommen. Dies war Voraussetzung für den Beruf des Seemanns.

Als die „THEODOR KÖRNER" den Ausgang des Skagerrak erreicht hatte, erwartete uns dort, als wir Skagen umrundet hatten, eine stürmische nordwestliche See mit Windstärke 6-7. Die Folge war, dass das Schiff heftig mit Stampfen und Rollen anfing. Resultat war, der größte Teil der neuen Lehrlinge wurde seekrank. Jeder, der es schon mal erlebt hat, weiß wie krankmachend der Tribut an Neptun ist. In unserem D-Deck hatten wir eine Toilette mit fünf Einzeltoiletten, den sogenannten Fünfzylinder. Bei dem Andrang und den Massen von Toilettenpapier, die verwendet wurden, waren ruckzuck alle fünf Toiletten verstopft. Also mussten einige Lehrlinge ran zum Reinigen. Leider war auch ich unter den Ausgewählten und musste nun versuchen, mit langen übergestülpten Gummihandschuhen diese Toiletten zu reinigen. Das ging dann abwechselnd so, kotzen, reinigen, kotzen, reinigen. So zahlte ich fleißig meinen Tribut an den Meeresgott. Das war meine zweite Arbeitshandlung als Matrosenlehrling. Unser Politoffizier ging währenddessen durch alle Kammern der Lehrlinge und spendete väterlichen Trost. Danach begann die normale Ausbildung. Je nach Diensteinteilung Theorie oder Praxis.

Das Essen an Bord war immer ausreichend und gut. Die Lehrlinge mussten sich selbst bedienen. Dazu wurde von jeder Brigade wöchentlich für den Tisch der Brigade ein Backschafter bestimmt. Für die Lehrbootsleute wurde ein Lehrling aus dem 1. Lehrjahr jeweils für eine Woche abkommandiert. An Getränken gab es pro Lehrling täglich zwei Flaschen alkoholfreie Getränke, ansonsten stand immer Tee zum Trinken zur Verfügung. Nur zu Feiertagen erhielten wir mal zwei Flaschen Bier oder ein Glas Bowle.

Der Tagesablauf war ähnlich wie beim Militär. Morgens um sechs wurde Reise, Reise gepfiffen. Es folgten waschen, Zähne putzen, Kammer-Reinschiff, fertigmachen zum Frühstück.

Um 8 Uhr dann Morgenappell mit Verteilung des täglichen Dienstes. Bei diesem Morgenappell fand auch immer eine Zeug-

Musterung statt. Das heißt, es wurde die persönliche Ausrüstung geprüft und ob jeder sauber und ordentlich zum Appell angetreten war. Des weiteren wurden Teile der persönliche Dienstwäsche überprüft, ob richtig gewaschen, gebügelt, die Schuhe ordentlich geputzt (den Steg dabei nicht vergessen!) etc. Das Dilemma war, für uns Lehrlinge existierten keine Waschmaschinen, es musste also alles per Hand und mit Schrubber gewaschen werden. Hatte das Antreten zum Morgenappell nicht den Vorstellungen unseres Leitenden Ausbildungsoffiziers entsprochen, wurde nachexerziert, solange bis es klappte. Dabei erinnere ich mich noch gut an die Stimme unseres Lehroberbootsmannes, welcher die Meldung an den Leitenden Ausbildungsoffizier gab, dass alle zum Morgenappell angetreten seien. Diese Stimme war von mittschiffs bis zur Back zu hören.

Danach erfolgte die Arbeit, unterbrochen von einer Mittagspause, und am Nachmittag wurde die Ausbildung fortgesetzt. Um 17.30 h war Abendbrot. Danach Freizeit, die unter anderem zum Lernen genutzt werden sollte. Wir lernten hier sowohl die Theorie und die Praxis des Berufes eines Matrosen von der Pike auf. Die Ausbildung war ausgezeichnet, denn die Absolventen der „THEODOR KÖRNER" hatten einen guten Ruf in der Flotte. Besonders auf die seemännischen Arbeiten wurde großer Wert gelegt. Die Seemannsknoten und Spleiße, die ich dort lernte, kann ich heute noch.

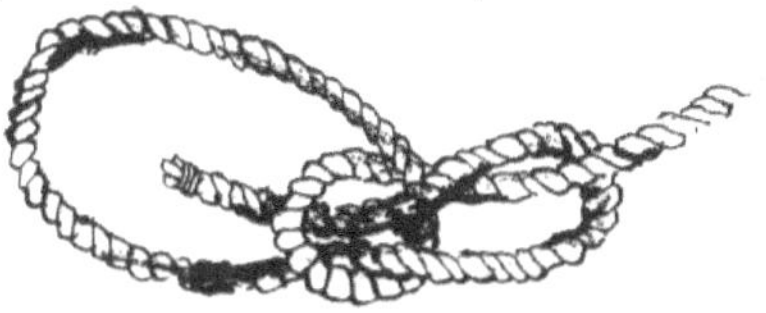
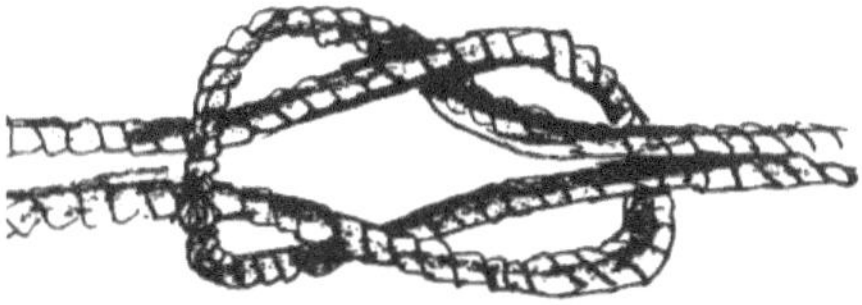

Wir mussten sie im Schlaf beherrschen. Zum theoretischen Unterricht gehörte wie überall an den Schulen der DDR der Staatsbürgerkundeunterricht dazu. Hier wurde noch zusätzlich sozialistische Betriebswirtschaft gelehrt. Hinzu kam natürlich der Englischunterricht. Hier hatte ich einen großen Nachteil, da ich an meiner alten Schule nicht am Englischunterricht teilnehmen konnte. Englisch war damals in der DDR ein außerschulisches Extrafach und wurde nach dem offiziellen Unterricht gegeben. Da ich aber immer auf meinem Schulbus angewiesen war, konnte ich daran nicht teilnehmen. Der Unterricht an

Bord begann also auf der Basis des Abschlusses der 10. Klasse, der mir und auch anderen total fehlte. So hatte ich die ganze Zeit während meiner Lehrzeit und auch später große Schwierigkeiten mit der englischen Sprache. Besonders bei meiner Fahrzeit nach der Wende sollte es sich negativ bemerkbar machen. Ansonsten war ich sowohl in der Theorie und in der Praxis wieder ein guter Lehrling. Der Dienst war nicht immer einfach, auch teilweise hart, wenn ich da noch an das Pullen in Vera Cruz oder Havanna denke.

Havanna

Bei brütender tropischer Sonne in voller Montur wurde dort die Ausbildung zum Rettungsbootsmann absolviert. Und dann unsere Kammer, sie war für acht Lehrlinge ausgelegt. Jeder hatte seine Koje, einen Spind und eine Backskiste für die Sachen, die zusätzlich als Sitzgelegenheit am Kammertisch diente. Als weiterer Aufenthaltsort standen uns noch unsere Messe und die Klassenräume zur Verfügung sowie einige Bereiche an Deck. Keine Klimaanlage, wie heute üblich, nur zwei kleine Bullaugen und ein Entlüftungsrohr zum Oberdeck, in das bei schwerem Wetter das Wasser rein lief. Morgens konnte man teilweise die Bettwäsche auswringen und aus der Luft Würfel schneiden. Kammerabnahme war jeden Tag morgens und vor dem Schlafengehen, um 21 Uhr wurde Ruhe im Schiff gepfiffen, um 22 Uhr musste das Licht ausgeschaltet werden. An den Wochenenden wurde die Kammer von den Lehrbootsleuten abgenommen. Einmal am Monatsende fand der stets gefürchtete große Kammerrundgang unter der Leitung des Kapitäns statt. Unsere Lehrbootsleute hatten viel Erfahrung, uns immer wieder zu beweisen, dass die Kammer noch nicht sauber war.

Gut in Erinnerung ist mir noch unser erster Anlauf in London. Wir lagen dicht bei der Tower Bridge im West Indian Dock, heute ein beliebter aber teurer Wohn- und Bürostandort. Alle waren aufgeregt und fieberten dem ersten Landgang entgegen. Zuvor musste die Kammer beim Lehrbootsmann abgemeldet werden. Wir waren jedenfalls nicht in der Lage, an diesem ersten Tag in London unsere Kammer zur Zufriedenheit unseres Lehrbootsmannes abzumelden. Erstaunlich, wo er immer wieder den Staub fand. Aber mit der Zeit lernten wir alle Stellen kennen. So kamen wir erst am zweiten Tag in den Genuss eines Landganges. Wir konnten viel von London kennenlernen, da die Liegezeiten damals doch recht lang waren. Piccadilly, Buckingham Palast, Britisches Admiralitätsmuseum und den Teeklipper Cutty Sark, sogar den Nullmeridian in Greenwich bekamen wir zu sehen. Nie wieder während meiner langen Seefahrtzeit habe ich so viel Sehenswertes, soviel von Land und Leuten kennengelernt wie während dieser Zeit auf dem Lehrschiff „THEODOR KÖRNER“. Meist scheiterte es später an den Faktoren Zeit und Geld. Landgang war stets nur in Gruppen erlaubt.

Lehrlings-Brigade Deck

Jede Brigade hatte am Sonnabend beim Großreinschiff noch eine zusätzliche Reinschiff-Station. Meine Brigade hatte großes Glück dabei, wir mussten das Hospital und das Büro des Oberzahlmeisters reinigen und diese auch direkt beim Schiffarzt und Oberzahlmeister abmelden. Wir waren meistens früh fertig und bekamen oft noch etwas als Belohnung zugesteckt. Übel dran waren die, die Betriebsgänge zu reinigen hatten, sie waren arme Teufel und die Letzten, die fertig wurden. Aber es gibt auch viele schöne Erinnerungen. Während der Überfahrt nach Mexiko und Cuba wurde teilweise am Wochenende Dienst und Unterricht getätigt. So konnten wir Stunden vorarbeiten, die dann zu Bade- und Bootsausflügen in den herrlich gelegenen Buchten der kleinen kubanischen Zuckerhäfen genutzt wurden. Damals konnte noch nach Seesternen, Muscheln und Korallen getaucht werden. Das Schiff stank manchmal tagelang nach unserer präparierten Beute. Dies ist ja heute alles verboten. Unser Kapitän nutzte seine Bekanntheit in diesem Fahrtgebiet und organisierte für seine Jungs wann immer möglich schöne Fahrten in das Landesinnere von Mexiko und Cuba, so dass wir doch viel von Land und Leuten kennenlernten.

Die Liegezeiten der Schiffe waren im Gegensatz zu heute teilweise sehr lang. Ansonsten gingen wir auch so fleißig an Land, um baden zu gehen oder nur um was Neues kennenzulernen. Havanna war ja damals noch eine sehr schöne Stadt, so kurz nach dem Sieg von Fidel Castro. Der Verfall setzte erst später ein. Leider wurde auch hier der gleiche Fehler gemacht, wie in der ehemaligen DDR, dass man sich nicht um den Erhalt der historischen Stadtviertel und Häuser kümmerte. Heute beginnt man insbesondere die Altstadt wieder zu restaurieren. Schwierig gestaltete sich nur jedes Mal nach dem Landgang die Rückkehr an Bord, da jeder am wachsamen Auge des diensthabenden Lehrbootsmannes an der Gangway vorbei musste. Da doch hier und da schon mal ein Bier oder Bacardi getrunken wurde, blieben Vorkommnisse nicht aus, die streng geahndet wurden.

So absolvierten wir erfolgreich unsere erste Rundreise. Ein Erlebnis prägte sich mir aber besonders nachhaltig ein. Auf der Rück- oder Hinreise liefen wir einmal Casablanca in Marokko an, um dort Stückgut zu laden und zu löschen. Ich werde nie vergessen, wie sich morgens vor Schichtbeginn um den Vormann der Hafenarbeiter eine Traube von 40 - 50 Hafenarbeitern drängelte, alle wollten arbeiten, aber er brauchte nur etwa die Hälfte von denen, die sich um Arbeit bemühten. So zeigte er nur immer: „Dich, dich nehme ich für diese Schicht.“ Der Rest ging betroffen und mit sorgenvollen Gesichtern nach Hause, da sie für diesen Tag keinen Verdienst hatten, um ihre Familien zu versorgen. Dies hat sich tief in mein Gedächtnis eingebrannt, ein bleibendes und prägendes Erlebnis. Mit Arbeitslosigkeit wurden wir ja erst nach der Wende konfrontiert. Wir lebten zwar einfach und ohne Luxus in der DDR, aber ohne Existenzsorgen. Inzwischen hatte ich auch schon die andere Seite mit all ihrem Überfluss und Luxus in Antwerpen, London und den mexikanischen Häfen kennengelernt. Das Gefälle zwischen Reich und Arm war zum Teil erschreckend. Im Gegensatz dazu hatte bei uns jeder Arbeit, konnte sich kleiden, hatte ausreichend zu essen und ein Dach über den Kopf. Zwar alles auf einfachem und niedrigen Niveau zur damaligen Zeit, aber eben für alle. Jeder konnte zur Schule gehen, die medizinische Versorgung war für jeden gesichert. Dies sind Errungenschaften, die man erst zu würdigen und zu schätzen weiß, wenn man einmal die Möglichkeit hatte, einen Blick in die Elendsviertel dieser Welt (die es ja auch heute noch gibt) zu werfen.

In Rostock wieder angekommen, wollte natürlich jeder nach Hause fahren. Verständlich, dass dies nicht für alle möglich war. Unsere Brigade musste jedenfalls an Bord verbleiben. Das Schiff wurde neu ausgerüstet. Zu damaliger Zeit war es üblich von Rostock aus alles mitzunehmen. Nur Gemüse und Obst konnte unterwegs hinzugekauft werden, um so dem Staat wertvolle Devisen zu sparen. So kann jeder sich vorstellen, welche Mengen an Proviant, Getränken und Ausrüstung an Bord neu verstaut werden mussten. Zuerst musste das Leergut der letzten Reise von Bord. Es wurde damals schon davon nichts über Bord geworfen. SERO lässt grüßen. Alles wurde der Wiederverwendung zugeführt. Ein anderer Teil war in den Wachdienst und in den Lade- und Löschbetrieb integriert. Damit hatten wir als Lehrlinge während der Liegezeit in Rostock voll zu tun. Theoretischer Unterricht wurde nicht abgehalten. An den Abenden hatten wir dann endlich frei und konnten nun losziehen, um Rostock kennenzulernen. Erinnern kann ich mich noch, dass wir zum ersten Landgang voller Stolz unsere Uniformen angezogen haben. Dies war leider keine gute Idee, da wir doch unsere ersten Bierchen im Glauben, nun endlich erwachsen zu sein, konsumierten und dies nicht gewohnt waren, wurden wir auch recht laut in den Gaststätten. Dies missfiel verständlicherweise den anderen Gästen, und da wir in Uniform waren, hieß es sofort: „Schaut euch die Herren Matrosenlehrlinge von der Seereederei an." Wir sind jedenfalls niemals wieder in Uniform an Land gegangen. Auch später zu Hause habe ich es immer vermieden, weil es dort erst recht auffiel. So mussten wir also die zweite Reise absolvieren, bis wir endlich mit unserem Heimaturlaub an der Reihe waren. Obwohl ich gerne zur See fuhr, wurde der Urlaub nach manchmal monatelangem Einsatz herbeigesehnt. Aber war man dann zu Hause, sollte er auch nicht zu lange dauern, man wollte wieder los. Empfangen wurden wir immer mit großem Hallo. Jeder wollte wissen: „Na wie war es, wie sieht es draußen aus?" Wir wurden darum beneidet, dass wir die Welt kennenlernen konnten. Schnell mussten mein Kumpel und ich, wir waren immer beide zusammen in Urlaub gefahren, aber feststellen, dass das Interesse an unseren Erzählungen nicht von langer Dauer war, da keiner eine Vorstellung von unserer Arbeit und von den Häfen und Ländern hatte, von denen wir erzählten. Bald wurde wieder von ihren Problemen gesprochen, wo jeder mitreden konnte. Diese Erfahrung wiederholte sich bei jedem Urlaub und ist auch eigentlich heute noch gültig. Es wurde nun in jedem Urlaub zum Ritual, dass immer, wenn ich die Nase voll hatte und mal wieder über die Seefahrt erzählen wollte, ich mit dem Fahrrad nach Schieben fuhr zu meinem Kumpel Kanne. Dabei besuchte ich wieder Oma, Tante und Onkel und blieb ein paar Tage. Oma wartete später schon immer auf meinen Besuch und hatte extra ein paar Arbeiten, die nur ich ausführen konnte, parat. Begrüßt wurde ich mit: „ Ach Junge, gerade habe ich an dich gedacht"; und sie freute sich immer sehr. Ich war wohl ihr liebstes Enkelkind. Genau so ging es bei meiner Tante und meinem Onkel, denen ich fast wie der eigene Sohn geworden war. Leider verstarb mein Onkel im Jahre 1968. Der Verlust traf mich damals schwer, denn er war mir inzwischen ein Vaterersatz geworden.

Zusammen mit meinem Kumpel machten wir dann immer ein paar schöne Sausen, dabei konnten wir uns endlich gegenseitig die Geschichten von der Seefahrt erzählen. Es störte uns nicht, dass wir im Laufe der Jahre so manche Geschichte gegenseitig wiederholt erzählten. Die Mutter meines Kumpels war meistens nicht gerade glücklich über mein Kommen, da Kanne in meiner Abwesenheit doch so ab und an etliche Eskapaden abgeliefert hatte. Selbstverständlich versprach ich ihr hoch und heilig, dass das, wenn ich dabei bin, nicht passieren kann. Das Resultat war nicht gerade viel besser, aber ich konnte in vielen Fällen das Ärgste verhindern, so dass wir doch den Umständen entsprechend immer einigermaßen beide vernünftig zu Hause wieder ankamen. Nicht nur Kanne, auch ich war nun wirklich kein Engel. So musste ich mal eine Nacht in der Ausnüchterungszelle in Rostock verbringen, Kanne hatte es im Gegensatz zu mir noch bis zum Dampfer geschafft. Was soll es, wir waren damals jung und dadurch, dass wir ein gutes Lehrlingsgehalt bezogen und auf See nicht viel ausgeben konnten, waren wir im Vergleich zu den Lehrlingen an Land immer gut bei Kasse. Danach während unserer Zeit, wo wir zusammen zur See fuhren und auch noch beim Studium, war es meist nun ich, der die Grenzen setzte. Resultat aus der obigen Erfahrung (eine Nacht in der Ausnüchterungszelle), so etwas sollte mir nicht noch einmal passieren. Bis auf einige wenige Ausnahmen sind wir immer zusammen nach Hause beziehungsweise an Bord gegangen.

Ende 1967 endete unsere Zeit auf dem MS „THEODOR KÖRNER“. Wir hatten die Zwischenprüfungen für das 1. Lehrjahr abgelegt und musterten im Dezember ab. Die Ausbildung wurde nun im 2. Lehrjahr, dem sogenannten Praxisjahr, auf den Produktionsschiffen, das heißt in der Flotte fortgesetzt. Brigadeweise wurden wir auf die vorhandene DSR-Flotte verteilt.

* * *

Das zweite Lehrjahr auf MS „FRITZ REUTER“

Inhaber ist angemustert auf MS „Theodor Körner“

Heimathafen Rostock U.-Signal [illegible]

für die [illegible]

als Matrosenlehrling

Dienstbeginn am 30.8.66

Eingetragen i. d. Musterrolle u. Nr. 441

Seefahrtsamt der DDR

D.S.

i. A. [illegible]

Der Dienst auf dem obigen Schiff endet mit dem [illegible]

und betrug somit 11 Monate und 7 Tage

An Bord, den [illegible] 196[illegible]

[illegible]

Unterschrift des Kapitäns

Die obige Unterschrift wird hiermit beglaubigt und die Abmusterung vollzogen.

Seefahrtsamt der DDR

D.S.

i. A. [illegible]

Inhaber ist angemustert auf [illegible]

Heimathafen Rostock U.-Signal [illegible]

für die [illegible]

als [illegible]

Dienstbeginn am [illegible]

Eingetragen i. d. Musterrolle u. Nr. 140.

Seefahrtsamt der DDR

D.S.

i. A. [illegible]

Der Dienst auf dem obigen Schiff endet mit dem 18.9.65

und betrug somit 12 Monate und 14 Tage

An Bord, den 196

[illegible]

Unterschrift des Kapitäns

Die obige Unterschrift wird hiermit beglaubigt und die Abmusterung vollzogen.

Seefahrtsamt der DDR

D.S.

i. A. [illegible]

№ 32673

Das zweite Lehrjahr sollten wir nun auf dem MS „FRITZ REUTER“ absolvieren. Es war die alte „FRITZ REUTER“ noch mit Ammoniak-Kühlung. Nach deren Verkauf gab es noch ein Schiff, das diesen Namen erhielt. Ich sollte dort später als 3. Offizier an Bord gehen für eine Vertretungsreise. Mit diesem Schiff konnten Fleisch, Bananen und andere Früchte transportiert werden, also Ladung, bei der eine bestimmte Transporttemperatur notwendig war. Dort sollten wir unsere Ausbildung beenden und die Prüfung zum Vollmatrosen der Handelsschifffahrt, wie die offizielle Bezeichnung hieß, ablegen. Mit uns musterten noch vier Lehrlinge für den Maschinenbereich an, die ihr erstes Ausbildungsjahr an Land absolviert hatten. Wir kamen in ein festgefügtes Kollektiv, wie man damals sagte, was schon lange auf diesem Schiff zusammen fuhr. Ein Politoffizier war nicht an Bord. Diese kamen erst mit Beginn der siebziger Jahre auf fast allen Schiffen zum Einsatz, nachdem Erich Honecker Generalsekretär der SED geworden war und gleichzeitig Staatsratsvorsitzender. Bemerkenswerterweise war damals noch ein reger gegenseitiger Besuch zwischen uns und den Besatzungen von Schiffen aus der BRD möglich. Ein Schiff der damaligen Stinnes Reederei hatte die gleiche Route wie wir. Wir trafen es jedenfalls immer wieder in Conakry. In Conakry versorgten wir uns dort mit Zeitungen, tauschten Filme aus und feierten auch teilweise zusammen.

Unser Schiff war im Liniendienst Rostock – Conakry mit zeitweiligem Anlauf von Benty (kleiner Hafen in Guinea) eingesetzt. Von dort holten wir Bananen die nach Rostock gebracht wurden. Eine Rundreise dauerte etwa vier Wochen. Die Bananen wurden, wie damals noch üblich, in Stauden transportiert. Die Stauden waren ca.16-30 kg schwer, mit Stroh umwickelt und dann in starkem Papier eingebunden.

Das Schiff hatte 15 Laderäume, die voll ausgelastet wurden. Das hieß zwei Lagen übereinander hochkant je nach Höhe der Laderäume zwei Stauden quer darüber. Die Ladung erforderte eine sorgfältige Kühlung, Lüftung und Kontrolle während der rund zweiwöchigen Überfahrt nach Rostock.

Während dieser Reise fand auch eine Äquatortaufe statt

Wir als Lehrlingsgruppe Deck wurden voll in die Arbeit integriert, ein Teil wurde zur Seewache eingeteilt, der andere Teil zum Tagesdienst beim Bootsmann. Wir mussten lernen, alle anfallenden Arbeiten eines Matrosen auszuführen, ein gutes Rüstzeug hatten wir auf der „THEODOR KÖRNER" bekommen. Aber in der Praxis sah doch alles etwas anders aus. Ausgeführt haben wir alle Arbeiten vom Rostklopfen, Reparieren, Malern, Ruder gehen, eben alles was zum

Beruf gehörte. In dieser Zeit wurde das Schiff mehrmals von der Mastspitze an inklusive außenbords komplett gestrichen, da Kühlschiffe üblicherweise einen weißen Anstrich hatten und darauf viel Wert gelegt wurde. Nach dem Löschen in Rostock stand während der Überfahrt nach Conakry das Reinigen der Laderäume an, überall lagen Stroh-, Papierreste und Holz rum. Die Laderäume mussten vor Ladebeginn absolut sauber sein und wurden dann kurz vor dem Erreichen von Conakry vorgekühlt. Das Säubern der Räume war nicht ungefährlich, da es möglich war, das auch einiges Getier mit auf die Reise gegangen war. Das waren meist große Spinnen, äußerst selten die gefährliche Bananenschlange. Ich erinnere mich noch an einem Vorfall, der in Benty (kleiner Hafen in Guinea) passierte. Hier wurden immer so ca. 200-400 Tonnen Bananen geladen und lagerten dort schon in einem ungekühlten Lagerschuppen, wenn wir ankamen. Abends im Dunkeln setzte auf einmal ein großes Geschrei ein. Einer von den Hafenarbeitern war von einer Bananenschlange gebissen worden. Anstatt dass nun einer schnell zu unserem Schiff gekommen wäre, an Bord befand sich ja das entsprechende Gegenserum, machten unsere schwarzen Brüder ein riesiges Palaver. Der Mann verstarb noch vor Ort. Diese Tierchen fielen beim Kühlen der Bananen in eine Art Winterstarre und wurden nachher wieder lebendig. Da ich lange in der Wache des Ersten Offiziers war, musste ich an der täglichen Kontrolle der Bananen teilnehmen. Das hieß, nach dem Frühstück trafen sich der 1. Offizier, 4. Offizier, Wachmatrose und ich als Lehrling zur Kontrolle aller Laderäume. Geschlossene Kleidung (Overall) war Pflicht, der Erste Offizier hatte immer das Schlangenserum bereit, um schnellstens bei einem Biss das Gegengift spritzen zu können. Deshalb wurde auch erst nach drei, vier Tagen mit der Kontrolle begonnen, damit eventuelles Getier in den sogenannten Winterschlaf gefallen war. Kontrolliert wurde in jedem Laderaum die Kühltemperatur, Luftfeuchte und in Stichproben die Pulp-Temperatur der Bananen. Die Bananenstauden wurden im grünen Zustand geladen, aber es kam häufig vor, dass der Reifeprozess einsetzte, welcher nicht mehr zu stoppen war. Dabei kam es verstärkt zur Hitzeentwicklung und Ausstoß von Gasen, so dass alle Stauden im engeren Umkreis auch anfingen zu reifen, eine Kettenreaktion setzte ein. Dies musste unbedingt verhindert werden. Also wurden die Stauden, bei denen der Reifeprozess begann, aussortiert und an Deck gebracht. Dazu wurden immer extra Schächte in jedem Laderaum freigehalten. Wir hatten schnell gelernt, diese so genannten Turner unter hunderten von Stauden herauszufinden, denn der Geruch der reifen Bananen war nicht zu verfehlen. Da keiner aus der Besatzung mehr Bananen essen konnte, wurden sie über Bord geworfen und das war manchmal eine ganze Menge. Dies war sicher schmerzhaft, wo doch zu Hause auf jede Bananen-Lieferung gewartet wurde und die Banane im Geschäft eine Mangelware war. Aber was sollten wir machen. Einen Vorteil hatten wir doch, das Schiff erhielt vom Ablader ein sogenanntes RP, das hieß jeder aus der Besatzung konnte in Rostock eine Staude in Empfang nehmen, zur Freude unserer Familien. Der Erste Offizier überwachte die Auswahl der Stauden und Gnade Gott, jemand brachte für diesen Zweck eine Staude unter 25 kg an Deck. Auch viele Offizielle wurden in Rostock mit ein paar Bananen beglückt. Wer konnte, stattete der „REUTER" einen Besuch ab. Weiter war es üblich, alle reifen Bananen kurz vor Rostock zu sammeln. Wir begannen damit meist damit vor Passage des Nord Ostsee Kanals. So hatte jeder noch gut gereifte Bananen, um sie mit nach Hause zu nehmen. Mein Kumpel Kanne und ich kamen aber meisten ohne reife Bananen an, da die Zugfahrt lang war und nach ein paar Bierchen verteilten wir sie immer an die Kinder im Zug. Wir hatten uns schon längst die Bananen übergegessen.

Die Stammbesatzung war eine wunderbare Truppe, mit der wir viel erlebten. Wenn das Schiff im Heimathafen lag, war es für jedes wachfreie Besatzungsmitglied Pflicht, mit zum Tanzlokal „Der Lindenhof" in Gehlsdorf zu gehen, damals nur unter dem Namen „Dicker Pisser" allseits bekannt. Die wachfreie Besatzung zog also vollzählig in den Lindenhof ein. Da wir immer mit Einkaufsbeuteln mit Bananen andienten, waren wir dort bekannt wie ein bunter Hund und hatten Narrenfreiheit. Obwohl es verboten war, Tische zusammenzurücken, wurde für uns alle ein großer Tisch hergerichtet. Von der damals bei allen Seeleuten bekannten Tanzkapelle „Goldene Lire" wurden wir immer mit einem Tusch begrüßt. Ein Kuriosum war die vom Saal zugängliche Schießbude in der man Papierblumen, Teddybär und andere Sachen für seine Angebetete schießen konnte. In großer Schrift stand dort geschrieben „angetrunkenen Personen" ist das Schießen untersagt. Ich jedenfalls habe dort nie einen gesehen, der dort nüchtern geschossen hat.

Ob nun Badefahrt oder Grillabend, als Besatzung wurde zusammengehalten. Highlight beim Grillabend waren, die von unserm Bäcker manchmal besorgten Bratwürste die er direkt vom Heimaturlaub aus Thüringen mit brachte. Man feierte oft so, wenn es der Dienst zuließ. Einer konnte immer Gitarre oder Akkordeon spielen. Die Tonbandgeräte waren gerade erst im Kommen, die dann viel von dieser Romantik wegnahmen. Natürlich gab es hier und da auch Fehlverhalten, ich nicht ausgeschlossen, aber letztendlich waren wir ja am Lernen. Welcher Mensch ist schon fehlerlos. An eine Episode kann ich mich noch gut erinnern. Auf einer Reise auslaufend Rostock wurden für unsere Botschaft in Conakry wohl über 200 Kisten von unserem beliebten Rostocker Hafenbräu mit der goldenen Kappe geladen, dazu noch ein Kfz unseres allseits bekannten Typs „Barkas", als Bus-Variante. Gestaut wurde alles im Laderaum 2 C-Deck, der Barkas war auf den Lukendeckeln gelascht. Zu dieser Zeit ging ich mit unserem Zweiten Offizier Seewache und in der Nachmittagswache sagte er, ich sollte doch den Tagestörn beim Säubern der Luken unterstützen. Diese wären in den vorderen Luken also Luke I oder Luke II beim Schaffen. Ich also los auf der Suche nach der Truppe. Schecke also Luke I keiner zu finden, also weiter nach Luke II. Im A-Deck nichts, B-Deck nichts und ich weiter zum C-Deck, alles dunkel. Verflucht, irgendwo mussten sie ja sein. Plötzlich gingen die Scheinwerfer des Barkas an. Die ganze Truppe saß gemütlich im Barkas und konsumierte fleißig das Bier welches ja eigentlich für die Botschaft bestimmt war. Ich musste im Barkas Platz nehmen, konnte aber am Umtrunk nicht teilhaben, da ich um 16 Uhr wieder zur Brücke zurück musste. Dass die Feier schon länger andauerte, konnte ich an den zwei fast vollen Eimern erkennen, die in der Ecke der Luke standen und als Toilette genutzt wurden. Damit der Verbrauch nicht auffiel, wurde fein säuberlich die Goldkappe wieder über die leeren Flaschen gestülpt. Immer wenn einer Austreten musste, wurde gerufen: „Titte", das war unser Bootsmann, „fahr mal rechts ran." Dann wurden die Scheinwerfer eingeschaltet und der Vorschrift entsprechend zum Anhalten geblinkt, damit derjenige dann aussteigen konnte. Der Zweite fragte natürlich nach der Rückkehr, wie weit sie gekommen seien. Als Antwort sagte ich nur kurz murmelnd, so gut wie fertig vorne. Irgendwie hat der Erste Offizier doch Wind von der Sache bekommen, da die Truppe stark angeheitert und mit viel Lärm aus der Luke zum Feierabend kam, so dass er sich vor Ort begab. Der Bootsmann musste nun Farbe bekennen. Das gab natürlich ein riesiges Donnerwetter. Doch er löste das Problem sehr kulant, er wusste ja, dass er sich immer auf seine Decks-Gang verlassen konnte. Jedem wurden für diesen Tag acht Überstunden gestrichen, und sie mussten alle geleerten Flaschen wieder gegen volle austauschen. Ein Problem gab es noch. Der Barkas wurde in Conakry gelöscht, nun wollte man ihn starten und wegfahren, aber die Batterie war leer, so dass der Barkas zum Transport abgeschleppt werden musste. Alle taten sehr erstaunt, wie das wohl passieren konnte.

Der Höhepunkt und Abschluss auf der „FRITZ REUTER" war natürlich unsere Matrosenprüfung. Alle bestanden die Prüfung erfolgreich, und es gab im Anschluss eine große Feier. So endete meine Zeit als Matrosenlehrling und ich war nun frischgebackener Vollmatrose der Handelsschifffahrt.

* * *

Vollmatrose

Massengutfrachter „THALE“

Nach bestandener Matrosenprüfung wurden alle Jungmatrosen auf die einzelnen Flottenbereiche der Reederei verteilt. Mein Kumpel Kanne und ich verblieben im Flottenbereich Küsten- und Spezialschifffahrt. In diesem Flottenbereich waren die Küstenmotorschiffe, die Tanker, die Massengutschiffe und die Kühlschiffe im Einsatz. Wobei wir letztendlich bei den Tankern und Massengutschiffen zum Einsatz kamen.

Das Einsatzbüro dieses Flottenbereiches befand sich zu damaliger Zeit in Warnemünde am Passagierkai. Dort sollten wir uns zwecks Einsatzbesprechung einfinden. Als wir dort ankamen, wurden wir schon erwartet. Der Personalabteilung fehlten dringend zwei Vollmatrosen für den Massengutfrachter „THALE“, der noch am gleichen Abend auslaufen sollte. Unsere erste Frage war natürlich, wo fährt der Dampfer hin. Die Fahrt sollte nach Rio de Janeiro gehen, um dort Eisenerz zu laden. Wir waren begeistert und willigten sofort ein. So schnell konnten wir gar nicht schauen, und schon hatten wir die Heuerscheine für das Schiff in der Hand. Dies bedeutete aber, dass wir unsere Sachen direkt von der „FRITZ REUTER“ nach der „THALE“ bringen mussten. Somit sollte es nun ohne vorherigen Heimaturlaub auf unsere erste Reise als Matrose gehen. Nachdem wir beide unseren ersten Heuerschein als Matrose in der Tasche hatten, musste das natürlich begossen werden. Zu diesem Anlass wurde „Tante Paula“, damals ein bekanntes Lokal in Warnemünde, angesteuert. Es wurde ein ausgiebiges und etwas länger dauerndes Mittagessen. Anschließend mussten wir uns noch auf dem neuen Schiff anmelden und anmustern. Wir beide bekamen dann frei bis zum Auslaufen, um wie schon gesagt unsere Sachen von der „REUTER“ zu holen. Dieses Sachenholen und der Abschiedstrunk zogen sich aber doch recht lange hin. Wir beide haben uns später oft gefragt, wie wir eigentlich auf der „THALE“ angekommen sind, denn als wir wieder einigermaßen denken konnten, waren wir schon auf hoher See und erfuhren von unserer Missetat erst am nächsten Morgen. Man hatte uns gleich nach Ankunft vom Dienst suspendiert. Letztendlich war der Kapitän froh, dass die Mannschaft nun endlich komplett war und er auslaufen konnte. Das fing ja gut an mit unserer glorreichen Matrosenseefahrt. Es wurde noch eine anstrengende Reise, da wir unseren neu erworbenen Status als Vollmatrose doch oft zu wörtlich nahmen, denn teilweise kamen wir aus dem Feiern gar nicht heraus. Da wir uns aber beide zu guten Matrosen entwickelten, sah man uns diesen schlechten Start nach. Uns wurde sogar angeboten, hier in die Stammmannschaft einzusteigen und später als Offiziersanwärter zu fahren, um dann zur Seefahrtschule zu gehen. Danach war uns aber noch nicht. Wir wollten erst einmal etwas Praxis erwerben. Außerdem wollten wir nach der Reise endlich nach Hause.

Nach schöner Reise und tollen Erlebnissen in Rio musterten wir mit Ankunft Rostock ab und fuhren in Urlaub. Nach gemeinsamen Kurzeinsätzen auf den Tankern „MERSEBURG“ und „LÜTZKENDORF“ waren wir im Personalbüro schon bekannt als Duo, das stets zusammen fuhr. Kanne fuhr nur einmal zeitweilig auf dem Motortanker „SHWEDT“ einen Einsatz. Das war eigentlich das erste und einzige Mal während unserer langjährigen Fahrtzeit, wo wir beide auf verschiedenen Schiffen Dienst taten. Später sagte er noch: „Dich kann man aber auch nicht einmal allein lassen", bezüglich meiner Beziehung zu meiner zukünftigen Frau, die ich in dieser Zeit kennengelernt hatte. Im Gegensatz zu mir, der ich im Dezember 1970 heiratete, sollte er erst viel später nach dem Studium heiraten.

Inhaber ist angemustert auf
Heimathafen Rostock U.-Signal
für die Große Fahrt
als
Dienstbeginn am
Eingetragen i. d. Musterrolle u. Nr.
Seefahrtsamt der DDR
i. A.
Der Dienst auf dem obigen Schiff endet mit dem
und betrug somit Monate und Tage
An Bord, den 196
Unterschrift des Kapitäns
Die obige Unterschrift wird hiermit beglaubigt und die Abmusterung vollzogen.
Seefahrtsamt der DDR
i. A.

Inhaber ist angemustert auf MT „Zeitz"
Heimathafen Rostock U.-Signal
für die Gr. Fahrt
als
Dienstbeginn am
Eingetragen i. d. Musterrolle u. Nr. 16
Seefahrtsamt der DDR
Der Dienst auf dem obigen Schiff endet mit dem 26.08.69
und betrug somit 5 Monate und 2 Tage
An Bord, den 26.08. 1969
Unterschrift des Kapitäns
Die obige Unterschrift wird hiermit beglaubigt und die Abmusterung vollzogen.
Seefahrtsamt der DDR
i. A.
№ 32673

Seefahrtbuch 1969

Der Einsatz auf der „LÜTZKENDOF" wäre auch eine Geschichte für sich, da auch dort eine große Jugendliebe bei einem Ereignis eine entscheidende Rolle spielte. Unser Erster Offizier, ein älterer Herr (auch schon als Kapitän gefahren), blieb nämlich in Hamburg nach dem Verkauf des Schiffes. Er hatte dort seine Jugendliebe aus Danzig wieder getroffen, die in der Bundesrepublik lebte, als wir für einen Kurzwerftaufenthalt bei Blohm & Voss in Hamburg waren.

Danach traten wir unseren Einsatz Pendelverkehr Le Havre – Dagenham mit Heizöl an. Da ich mit ihm Wache ging, hatte er mir die ganze Geschichte aus seiner Jugendzeit erzählt. Er nutze die Verkaufsfahrt, das Schiff wurde später in Hamburg an den neuen Eigner übergeben, um dann dort abzusteigen und in der Bundesrepublik zu bleiben. Er fehlte jedenfalls bei der Heimfahrt die mit dem Bus erfolgte. Zu uns sagte man, er hätte noch zu tun, die neue Crew einzuweisen. Erst später sollten wir von seiner Republikflucht, wie es im DDR-Jargon hieß, erfahren.

Den Ablauf der Urlaube hatte ich ja schon geschildert. Nach ein paar Wochen erhielten wir wieder gemeinsam das gleiche Einsatztelegramm, wir sollten auf dem Motortanker „ZEITZ" anmustern. Zu diesem Zweck musste nach Rijeka geflogen werden, der Tanker lag dort in der alten Reparaturwerft „Viktor Lenac" und war gerade von der Reederei angekauft worden. Dieser Tanker sollte unser Stammschiff werden. In der letzten Woche vor der Abreise verabredeten wir alle, also einige Mädels und Jungs aus meiner alten Klasse und mein Kumpel Kanne, uns als Abschlussabend im Kulturhaus in Tröbitz zum Tanz zu treffen. Diesmal lud ich meinen Jugendschwarm direkt ein. Ich wollte sie von zu Hause abholen und wieder nach Hause bringen. Zu diesem Zweck charterte ich den Vater eines Freundes aus meinem Dorf als Taxifahrer. Über Geld verfügte ich ja ausreichend. Frisch gebadet und in meinem damaligen besten Anzug machte ich mich auf, sie abzuholen. Jeder kann sich vorstellen wie aufgeregt ich war, sollte ich doch diesmal auch ihre Mutter und ihren Vater kennenlernen. Am Stand der Dinge hatte sich eigentlich nichts verändert, es war bisher nichts passiert, außer dass wir beide wohl doch ineinander verliebt waren. Ich kann heute nicht mehr sagen, ob ich auch einen Blumenstrauß mitbrachte. Wahrscheinlich eher nicht, da Blumen Mangelware waren. Jedenfalls wurde ich bei meiner Ankunft schon erwartet, und Karla schwirrte aufgeregt durch die Wohnung, und wie das bei Frauen ist, war sie natürlich noch nicht fertig. Sie war weiter mit Schminken und Anziehen beschäftigt, unterstützt von ihrer Mutter, während der Vater mich ins Wohnzimmer bugsierte. Dort nahm er mich sozusagen unter die Lupe. Wir unterhielten uns, und er fragte mich ziemlich genau was ich so weiter im Leben und im Beruf vorhätte. Ich erklärte ihm, dass ich in nächster Zeit auf die Seefahrtschule gehen wollte, um später als Nautischer Offizier zu fahren und vielleicht eines Tages Kapitän zu werden. Er war sichtlich davon angetan. Karla war inzwischen endlich fertig, und los ging es. Vorher erhielt sie noch den Hausschlüssel von ihrer Mutter überreicht, den sie mir draußen großmütig anvertraute, und ab ging die Fahrt. Die Rückfahrt hatte ich entsprechend organisiert, so dass wir eine halbe Stunde nach Tanzschluss wieder abgeholt wurden. In Tröbitz im Kulturhaus angekommen, belegten wir einen großen Tisch, und nach trudelten alle ein. Es wurde anfangs ein lustiger Abend mit Gesprächen, viel Lachen und natürlich Tanzen. Mit dem Tanzen hatte ich wie gehabt wieder so meine Schwierigkeiten, gab mir aber alle Mühe dem etwas abzugewinnen. In dem ganzen Getümmel war meine Karla öfters spurlos verschwunden. Dies erweckte meinen Argwohn und meine Eifersucht. Als sie wieder mal verschwunden war, suchte ich sie gezielt und fand sie draußen mit einem anderen Jungen stehen und angeregt schwatzen. Da sie mich wahrnahm, kam sie wieder zu mir, ich weiß nicht mehr welche Erklärungen sie mir gab. Wir gingen schweigsam an unseren Tisch zurück. Danach war mit mir nicht mehr viel los. Als sie mal mit einem Mädel aus unserer Klasse tanzte, suchte ich diesen Jungen. Fragte ihn woher er sie kenne, er wusste ja nicht, wie ich zu ihr stehe. Er sagte mir er hätte sie schon ein, zweimal beim Tanzen getroffen und wäre fürchterlich in sie verknallt. Erzählt hatte sie mir nichts davon, dass sie in meiner Abwesenheit tanzen geht. Ist ja auch kein Verbrechen, sie war jung und es gehörte in diesem Alter dazu, ich hätte es schon verstanden. Aber dass sie ausgerechnet an diesem Abend, der mir so viel bedeutete, noch mit einem Anderen turtelte, gab mir den Rest. Der Abend war für mich gelaufen. Da sowieso bald Schluss war, Kanne war schon mit dem Taxi nach Hause gefahren und unser Auto auch schon wartete, fuhren wir nach Hause. Schweigsam saßen wir beide auf dem Rücksitz. Als wir endlich vor ihrem Haus ankamen, brachte ich sie noch zur Tür und übergab ihr den Haustürschlüssel. Sie bat mich zu bleiben und mit nach oben zu kommen. Aber ich war zutiefst enttäuscht und kochte vor Eifersucht. Wortlos drückte ich ihr den Hausschlüssel in die Hand und sagte Tschüss. Das war das Ende meiner großen Jugendliebe. Vielleicht hätte ich mit ihr darüber reden sollen. Aber Reden über meine Probleme sollte nie eine meiner Stärken werden, zum Leidwesen auch meiner späteren Frau. Ich sollte sie nur noch einmal wiedersehen, als ich meine Frau nach der Geburt unserer Tochter vom Krankenhaus in Finsterwalde abholte. Später habe ich mich oft gefragt, was wohl aus uns geworden wäre, wenn ich mit hinauf gegangen wäre. Mein Bauchgefühl sagte mir damals: „Junge wenn du hier weitermachst, bist du schneller an Land als du denken kannst“, weil ich dachte, sie kommt mit dem Alleinsein als Seemannsfrau nicht zurecht. Im Nachhinein muss ich aber sagen, habe ich ihr nicht einmal die Chance gegeben, zu beweisen, dass sie eventuell doch eine gute Seemannsfrau geworden wäre. Es hat sehr wehgetan. Sicher wird der eine oder andere ähnliche Erfahrungen gemacht haben, wie tief doch solch eine Jugendliebe sitzt. Meine Mutter erzählte mir dann viele Jahre später einmal, dass sie im Geschäft ihres Vaters war und als er den Namen erkannte, da fragte er nach mir. Zu der Zeit war ich schon verheiratet, hatte zwei Kinder und fuhr als 2. Nautischer Offizier. Jedenfalls hätte er es gerne gesehen, wenn aus der Karla und mir ein Paar geworden wäre, so wie meine Mutter mir erzählte. Leider hatte ich bis heute noch nicht die Gelegenheit ihr meine damaligen Beweggründe zu erklären.

* * *

Motortanker „ZEITZ“

Ein paar Tage nach diesem verkorksten Wochenende fuhren Kanne und ich nach Berlin-Schönefeld, um uns dort mit der gesamten Mannschaft, die für den Motortanker „ZEITZ“ vorgesehen war zu treffen. Von Berlin sollte es mit dem Flugzeug nach Zagreb gehen und dann mit dem Bus nach Rijeka. Die Busfahrt war schon ein Erlebnis für sich. In Zagreb regnete es bei Ankunft, auf den Gipfel der Berge, die zu überqueren waren, lag Schnee und in Rijeka erwarteten uns milde Temperaturen die zum Baden einluden. Die „ZEITZ“ wurde bis zum Studienbeginn an der Seefahrtschule unser Stammschiff.

Der Autor auf Motortanker „ZEITZ“

Der Tanker war von einem norwegischen Reeder gekauft worden und lag nach einem Brand im Achterschiff zur Reparatur in der alten Werft von Rijeka. Es war für die damalige Zeit schon ein großes Schiff und hatte über 40.000 Bruttoregistertonnen. Der Verkauf des Schiffes war wohl vom bisherigen Reeder nicht geplant. Sämtliche Lasten waren wohlgefüllt. Erinnern kann ich mich noch an die glänzenden Augen unseres Bootsmannes, als er seine Farbenlast sah, bis zum Rand voll mit Hempel-Farbe. Wer in der Flotte gefahren ist, weiß wie sehr wir das zu schätzten wussten, denn die Farben unserer Produktion kamen bei weitem nicht an diese Qualität heran. Die Lasten des Kochs waren auch voll, vieles konnte er davon verwenden. Da aber das Schiff vorher unter norwegischer Flagge gefahren war, schmeckten zum Beispiel alle Wurstprodukte süßlich. Als wir entnervt zum Senf griffen, um den Geschmack zu übertünchen, war dieser auch noch süßlich. Am besten kamen uns die 10 kg Drums mit Bohnenkaffe zugute. Wir konnten monatelang täglich unseren Bohnenkaffee genießen, wo es doch sonst zu dieser Zeit nur am Sonntag und am Seemann Sonntag (Donnerstag) Bohnenkaffee in der Flotte gab. Das nur eingefügt. Die „ZEITZ" war jedenfalls so groß, dass es notwendig war, sie erst auf Reede Rostock zu leichtern, um mit den entsprechenden erlaubten maximalen Tiefgang in den Ölhafen einlaufen zu können. Einsatzgebiet war zu meiner Zeit der Golf von Suez mit dem Hafen Ras Shukeir sowie das Schwarze Meer mit Novorossisk und Tuapse. Die meiste Zeit waren wir damals nach Ras Shukeir unterwegs. Ras Shukeir liegt im Golf von Suez und hat keine Tanker Pier, es wurde zwischen den Tonnen, etwa 2-3 Seemeilen vom Land festgemacht. Der Übernahmeschlauch wurde mit einer Tonne, an dem das Ende befestigt war, an Bord genommen, und los ging die Beladung.

Eine Reise von Rostock dauerte immer ca. 37 Tage hin und 39 Tage zurück. Gebunkert wurde in Djibuti, und Proviant wurde auf Reede von Kapstadt genommen, wo es auch die Post gab. Da der Suezkanal zu dieser Zeit geschlossen war, mussten wir jede Reise rund um das Kap der Guten Hoffnung fahren.

Der Einsatz auf einem Tanker war eigentlich angenehm. Außer beim Laden und Löschen kam keine Hektik auf. Das Laden erfolgte meist zügig, da anfangs mit einer Pumpleistung von 5.000-6.000 t die Stunde begonnen wurde, die dann zum Abladen der Tanks reduziert wurde. Der Erste Offizier stand dem Ganzen vor, und die Offiziere und Matrosen bedienten entsprechend Anweisung die Ventile, damit ja kein Overflow passierte. Die ganze Aktion war meist in knapp 20 Stunden über die Bühne, und es ging wieder auf die Heimreise. Das Löschen in Rostock dauerte etwa drei bis vier Tage, dann ging es erneut auf die nächste Reise.

In Erinnerung bleiben mir noch die vielen Äquatortaufen, die wir auf unseren Rundreisen ums Kap der Guten Hoffnung durchführten. Da immer wieder Besatzungsmitglieder ohne Taufschein an Bord kamen, war dies eine willkommene Abwechslung während des langen Seetörns.

„ZEITZ“ in schwerer See

Auf der „ZEITZ“ stellten mein Kumpel Kanne und ich den Antrag, die Seefahrtschule zu besuchen. Unser damaliger Erster Offizier war nicht gerade begeistert wegen unserer zeitweiligen Eskapaden, aber wie er sagte, wollte er uns nicht die Zukunft verbauen. Er schrieb uns letztendlich eine entsprechende Beurteilung / Befürwortung mit dem Hinweis an uns beide, dass er wenig Hoffnung habe, dass wir das Studium erfolgreich beenden würden. Wie sehr sollte er sich doch geirrt haben.

* * *

Abiturlehrgang in Königswusterhausen

Im Jahr 1969 wurde die Ingenieurhochschule Warnemünde / Wustrow gegründet. Nun war das Abitur Bedingung und Voraussetzung zum Studieren an dieser Schule. Die Reederei stand dadurch vor großen Problemen, da das meiste Mannschaftspersonal nur den Abschluss der 10. Klasse (Realabschluss) besaß, bis auf die wenigen Klassen, die auf der „J. G. FICHTE“ ihre Ausbildung mit Abitur abgeschlossen hatten. Dies reichte bei weitem nicht aus, den Bedarf an Nachwuchsoffizieren zu decken. So machte die Reederei aus der Not eine Tugend und schickte alle Bewerber auf sogenannte Abiturlehrgänge. Diese dauerten ein ganzes Jahr, und für diese Zeit bezogen wir ein Stipendium. Die Lehrgänge fanden an den Kreis-Volkshochschulen in verschiedenen Orten der DDR statt. Dort wurde in einem Jahresschuljahr das Abitur in den erforderlichen Hauptfächern nachgeholt. Die Abiturprüfung erfolgte immer zeitgleich mit den Abiturprüfungen an den Erweiterten Oberschulen der DDR. Heute bemüht man sich wieder, ein Zentralabitur einzuführen, um das unterschiedliche Niveau beim Abitur abzuschaffen. Für uns bedeutete das, wir schwitzten über genau den gleichen Fragen, wie die Schüler an den Erweiterten Oberschulen. Was ich damit sagen wollte, uns wurde nichts geschenkt. Das Abitur hatte Gültigkeit für alle Universitäten und Hochschulen der DDR. Dies nutzen einige meiner Mitschüler und bewarben sich später an andere Hochschulen und Universitäten. Der Reederei gefiel dies natürlich gar nicht. Deshalb berechtigten die später durchgeführten Abiturlehrgänge nur noch zum Besuch der Ingenieurhochschule für Seefahrt Warnemünde / Wustrow.

Unseren Lehrgang richtete die Kreisvolkshochschule Königswusterhausen aus. Beginn war September 1970. Selbstverständlich war für Kanne und mich wieder der gleiche Lehrgang gebucht. Der Lehrgang fand in Neuendorf in der Nähe von Teupitz, südöstlich von Berlin statt. Untergebracht wurden wir in einer dortigen Bungalow-Siedlung. Der Unterricht fand im Saal der Gaststätte statt, in der wir auch unsere Mahlzeiten einnahmen. Die Bungalows waren eigentlich nur für die Sommernutzung gedacht. Das sollten wir während der Wintermonate noch merken, denn sie hatten keine Heizungen. Es wurde notdürftig versucht mit Elektroheizkörper die Stuben warm zu bekommen. Wer dabei war, kann sich sicher erinnern, dass es vorkam, dass die Bettdecke an der Wand morgens festgefroren war und die Wände vom Raureif glitzerten. Wir waren jung, und diese kleinen Misslichkeiten störten kaum, außer dass der Eine und Andere mal erkältet waren. Jeweils zwei belegten eine Bungalow-Abteilung. Die bestand aus einem Schlafraum mit breiter Liege für zwei Personen, Waschbecken, Schrank und einem Wohnraum mit Sofa, Tisch und Stühlen, der durch einen Vorhang vom Schlafraum abgetrennt war. Sie merken schon, dass ich wieder zusammen mit meinem Kumpel Kanne eines dieser Apartments bezog. Wir hatten ja stets auf den Schiffen mit Doppelkabinen zusammen gewohnt. Unterrichtsbeginn war nach dem Frühstück 8 Uhr mit kurzer Pause bis 12 Uhr, dann 13 Uhr bis 16.30 Uhr. Sonnabend ging der Unterricht bis mittags, und wer wollte konnte übers Wochenende dann nach Hause fahren.

Jetzt müssen Sie sich vorstellen, da brachen 60 gestandene Seeleute mit teilweise mehrjähriger Fahrzeit als Matrose in diese Gegend ein. Dies brachte erhebliche Unruhe in die Umgebung, denn an den Wochenenden mischten wir den Tanzsaal in der näheren Umgebung auf. Teilweise mit Storys, worüber ich lieber den Mantel des Schweigens decke. Jeder, der dort war, kann sich sicher erinnern. Nichtsdestotrotz fand dort der Eine oder Andere seine zukünftige Frau Die Anforderungen des Unterrichts waren hart, aber wir nahmen alles locker und gelassen. Sollte es schief gehen, konnte jeder noch weiter als Matrose fahren. Für mich war das aber keine Option. Da ich 1970 heiratete und auch unsere Tochter geboren wurde, hatte ich eine Verantwortung gegenüber meiner Familie. Für den Schulbesuch hatten wir einiges gespart. Kanne und ich hatten in etwa jeder etwas über 10.000 Mark auf dem Konto. Wenn man bedenkt, dass ein Trabant (die gängigste DDR-Automarke) damals 6.000-7.000 Mark kostete, war dies viel Geld. Mein Geld musste ich für meine Familie einsetzen, da meine Frau für unsere Tochter keinen Krippenplatz bekam und so längere Zeit zu Hause bleiben musste. Dadurch war zu Beginn des Studiums mein Geld so gut wie aufgebraucht. Kanne war in dieser Beziehung besser dran, er heiratete erst nach dem Studium und konnte deshalb sein Stipendium bis zum Ende monatlich mit einem Betrag aufbessern.

Den Abiturlehrgang beendete ich trotz allem erfolgreich, so dass dem Studium an der Ingenieurhochschule Warnemünde / Wustrow nichts mehr entgegen stand.

Nur die Seetauglichkeitsprüfung vor Studienbeginn hätte ich nämlich fast nicht bekommen. Diese nahm bei mir der damals sehr bekannte Obermedizinalrat Doktor Becker vom Medizinischen Dienst des Verkehrswesens ab. Ich hatte doch zu diesem Zeitpunkt schon einige Sehschwierigkeiten. Brillenträger durften nicht Nautiker werden. Der Doktor schaute mich schon recht skeptisch an und fragte hintergründig, ob ich wohl am Vortag womöglich eine kräftige Sause gemacht hätte. Eilig bestätigte ich ihm das, obwohl es nicht der Fall war. Da sagte er nur noch, dann sei ja alles klar und verständlich, und ich erhielt diesen wichtigen Stempel für die Seetauglichkeit.

Ansonsten hätte ich schon hier meinen Traum vom Kapitän begraben können, da dies Voraussetzung zum Studium war. Zu meinem Glück waren die Bestimmungen nach Abschluss des Studiums dann so, dass ich den Dienst als Nautischer Offizier auch mit Brille antreten konnte.

* * *

Studium an der Ingenieurhochschule in Wustrow

Den größten Teil, jedoch nicht alle meine Mitschüler sollte ich nun bei Beginn des Studiums an der Ingenieurhochschule für Seefahrt Warnemünde / Wustrow wiedertreffen. Anfang September 1971 begann mein Studium an der Ingenieurhochschule (IHS) Warnemünde / Wustrow. Die IHS war 1969 aus der ehemaligen Seefahrtsschule Wustrow und der Ingenieurschule Warnemünde, wo unter anderem das Maschinenpersonal für die Seefahrt ausgebildet wurde, hervorgegangen. So saßen wir nun feierlich in der festlichen Aula der alten Seefahrtschule Wustrow und hörten uns die Begrüßungsrede des Rektors anlässlich unserer Immatrikulation an. Natürlich wieder in Uniform, das Tragen der Uniform war Pflicht während der ganzen Zeit des Studiums. Am linken Ärmel der Uniformjacke war das Band IHS Warnemünde / Wustrow, darüber der erste blaue Streifen, als Zeichen für das erste Studienjahr. Wir waren nach Abschluss eines Jahres sehr stolz, den nächsten Streifen hinzufügen zu können. So stiegen wir nämlich im Ansehen und der Hierarchie, die an der Schule herrschte. Das Grundstudienjahr wurde für alle Neuanfänger in Wustrow durchgeführt. Die alte Seefahrtschule Wustrow verfügte über eine lange Tradition in der Ausbildung des nautischen Personals für die Seefahrt. Es ist jammerschade, dass dieser Schulstandort nach der Wende nicht mehr bestehen konnte. Das Ostseebad Wustrow liegt auf der wunderschönen Halbinsel Fischland. (Fischland gehörte früher zu Mecklenburg – 1946 wurde die Großherzogliche Navigationsschule zu Wustrow gegründet – östlich von Ahrenshoop begann der früher zur preußischen Provinz Pommern gehörige Darß) Wustrow hat einen schönen Ostseestrand und auf der anderen Seite den Saaler Bodden. Eine weit sichtbare Kirche und eben die Seefahrtsschule die schon vor dem Ortseingang zu sehen war. Im Ort gab es damals viele kleine Gaststätten, wir sollten sie noch kennenlernen.

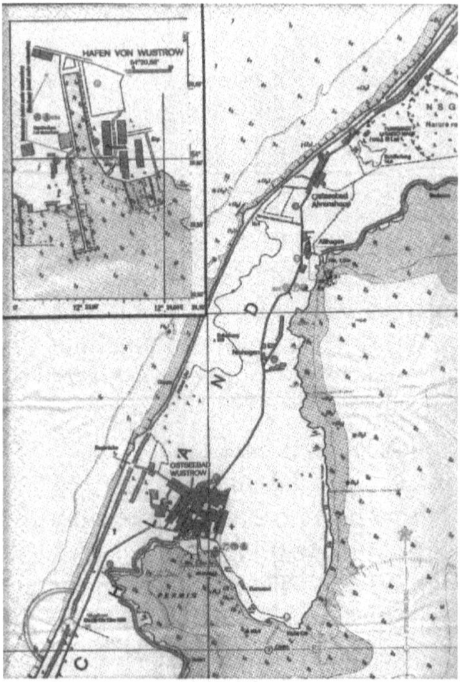

Dazu kamen FDGB-Heime sowie viele Privatunterkünfte, so dass während der Sommermonate immer einiges los war.

Sehenswert sind auch die schönen alten Kapitänshäuser mit

den Darßer Türen.

Die Seefahrtschule war ein nicht unerheblicher Wirtschaftsfaktor für den Ort, waren doch viele Arbeitsplätze damit verbunden, die nicht nur saisonbedingt waren. Nachbarorte waren die nicht weniger bekannten Ostseebäder Dierhagen, Althagen und Ahrenshoop. Also eine Umgebung wie man sie sich schöner nicht wünschen kann.

Die Studenten waren im Hauptgebäude und in Baracken, die auf dem Schulgelände standen, untergebracht. Mein Zimmer, belegt mit drei Studienkollegen, war im Hauptgebäude. Wie Sie sich sicher denken können, bezog ich wieder ein Zimmer mit meinem Freund Kanne, dazu gesellten sich nun noch Jochen und in der ersten Zeit Werner. Jochen, Kanne und ich waren gleichen Alters, während Werner direkt mit Abitur und wenig Praxis zur Schule kam. In unseren Augen ein junger Hüpfer. Er möge es uns im Nachhinein verzeihen. Jedenfalls kamen wir überein, noch einmal zu tauschen, und es kam Martin als Zimmergenosse zu uns. Diese Besetzung sollten wir über die ganzen Studienjahre beibehalten, auch später in Warnemünde behielten wir diese Kammerbesetzung bei. Mit meiner kleinen Familie war ich inzwischen von meiner Mutter zu meinen Schwiegereltern nach Gelbensande gezogen, bekannt durch das Großherzogliche Jagdschloss des Herzogs von Mecklenburg. Dort bezogen wir ein kleines Zimmer bei den Schwiegereltern. Meine Frau hatte zu diesem Zeitpunkt noch keinen Krippenplatz bekommen und konnte somit nicht arbeiten gehen. Erst als meine Tochter 2 ½ Jahre alt war (Mindestalter für den Kindergarten) und wir einen Kindergartenplatz im Ort bekamen, war es möglich, dass sie wieder eine Tätigkeit aufnahm. Es gehörte zur Normalität in der DDR, dass so gut wie alle Frauen berufstätig waren. Meine Schwiegermutter, die gerade Rentnerin geworden war, übernahm es nun, unsere Tochter immer vom Kindergarten abzuholen und zu betreuen, solange bis meine Frau von Rostock von der Arbeit zurückkam. Nach dringlichem Wohnungsantrag bekamen wir endlich eine kleine Wohnung in einem Privathaus. Diese bestand aus einer winzigen Küche und einer etwas größeren Stube, die zum Wohnen und Schlafen genutzt wurde, mit kleinem Ofen, der, wie sich später herausstellte, mehr eine Art Kanonenofen war, denn er schluckte in der Heizperiode Unmengen von Kohlen. Die Toilette befand sich wie üblich in der damaligen Zeit auf dem Hof. Das Wasser musste ich immer von meinem Schwiegervater, der auf der anderen Straßenseite wohnte, holen, da die einzige Pumpe, die Trinkwasser hergab, sich in der Küche der Vermieterin befand. Aber wir waren glücklich, endlich unsere eigenen ersten vier Wände zu besitzen. Jeder, der damals in der DDR lebte, wird noch die Wohnungsmisere kennen, die insbesondere junge Ehepaare betraf. Deshalb begann die Partei- und Staatsführung Anfang der 1970er Jahre mit dem sogenannten Wohnungsbauprogramm, um den Missstand zu beheben, was aber während der Existenz der DDR nie vollständig gelang. Es entstanden dabei die bei DDR-Bürgern damals heiß begehrten und geliebten Plattenbauten.

Meine Frau hatte den organisatorischen Teil der Familie in der Hand und stellte bald einen Antrag für solch eine AWG-Wohnung. Sie ist ein hervorragendes Organisationstalent und hatte auch das nötige Durchsetzungsvermögen, wovor ich immer den Hut gezogen habe. Ob es nun um einen Kinderkrippen-, Kindergartenplatz oder eben Wohnungsantrag gib, sie nahm das beherzt in die Hand, eben eine echte Seemannsfrau. Dazu kam, dass die Erziehung der Kinder fast vollständig in ihrer Hand lag, abgesehen von den wenigen Wochen, die man als Seemann im Urlaub zu Hause verbrachte.

Zurück zu unserer ersten Wohnung. Wir sollten dort die ganzen dreieinhalb Jahre wohnen, während ich an der IHS Warnemünde / Wustrow studierte. Neben der Tatsache, dass die Wohnung sehr klein war, ärgerte mich als Fußball-Fan, dass ich nie in der Lage war, am Sonnabend die Oberliga im Fernsehen in der Sendung Sport Aktuell direkt verfolgen zu können. Zu dieser Zeit war ich damit beschäftigt, fleißig das Wasser hoch und runter zu tragen, da zu diesem Sendezeitpunkt das Baden unserer kleinen Tochter angesagt war. Meine Frau fragte immer, was für mich wichtiger sei. Sie hatte eine tiefe Abneigung gegenüber dieser Sportsendung. Ihr Vater blockierte während ihrer Kindheit das Wohnzimmer als ebensolcher Fußballfan und duldete rigoros keinen Senderwechsel. Am folgenden Montag musste ich mich dann mit der Lektüre des Sportechos begnügen. Auch später kämpfte ich mit ihr darum, die Bundesliga anschauen zu können. Heute hat sich das Thema erledigt, da zwei Fernsehgeräte zum Haushalt gehören.

Meine Tochter schlief in ihrem kleinen Kinderbettchen in der winzigen Küche. Diese hatte einen ganz kleinen Küchenherd mit Kohlefeuerung, der aber nie lange die Wärme hielt, so dass sich oft im Winter in den dort stehenden Wassereimern eine Eisschicht gebildete hatte. Der Gesundheit war dies dennoch nicht abträglich. Sie hatte nie viel mit Erkältungskrankheiten zu tun. Unsere Sorge war nur, dass der Ofen gut brannte und sich nicht eventuell giftige Gase entwickelten bis die Kohlen durchgebrannt waren. Deshalb schauten wir besorgt immer oft nach der Kleinen.

Hier möchte ich auch noch auf die finanzielle Seite eingehen, unter welcher wir diese Jahre überstehen mussten. Meine Frau verdiente, wenn ich mich richtig erinnere, netto ca. 370 Mark und ich sollte als Student ein Stipendium von 190 Mark bekommen. Dies war unser ganzer Familien-Etat, da die Ersparnisse inzwischen aufgebraucht waren. Das Stipendium bekamen wir vom Staat, und es musste im Gegensatz zum heutigen BaföG nicht zurückgezahlt werden. Es sollte eine harte Zeit für uns werden. Zumal wir nach Genehmigung des AWG-Wohnungsantrages den Genossenschaftsanteil von damals 4.000 Mark in Raten abzahlen mussten (2.100 + die AWG Stunden, die wir als Seeleute bar bezahlen konnten. Ansonsten mussten sie als

Arbeitsleistung abgearbeitet werden). Dazu wurden monatlich 100 Mark von meinem Stipendium eingezahlt, so hatte ich nach Abzug von meinem Stipendium noch 90 Mark für Unterkunft und Verpflegung an der IHS. Damit musste ich mein Frühstück, Mittagbrot und Abendbrot an der Schule finanzieren, sowie alle Kosten bezüglich An- und Abreise zum Schulstandort. Dies war eine prägende Zeit, meine Frau beklagte sich immer bitter, dass sie all die Jahre in ihren alten Sachen rumlaufen musste. Wenn Geld übrig war, wurde es für unsere Tochter verwendet. Jeder, der Kinder hat, weiß was das kostet. Um nun meine finanzielle Lage aufzubessern, arbeitete ich an den Wochenenden öfters im Hafen, machte dort Schichten als Hafenarbeiter. Für die körperlich harte Achtstundenschicht im Umschlag gab es 32 Mark. Später ergatterte ich in Warnemünde an der Seefahrtsschule einen Posten als Hilfsassistent. Besonders ertragreich war die Teilnahme als Kleindarsteller bei der damals beliebten Sendung „Klock acht achtern Strom", an der ich mehrmals mit meinem Kumpel Kanne mitwirkte. In den Semesterferien arbeitete ich als Matrose meist auf Werftschiffen, da ich Brillenträger war und somit nicht mehr die nötige Tauglichkeitsstufe I hatte, um als Matrose auf den Schiffen zu fahren.

Seefahrtschule Wustrow nach der Wende

Da die IHS Warnemünde / Wustrow 1969 neu gegründet worden war, sind zum alten Lehrkörper neue, meist promovierte Lehrkräfte hinzugekommen. Von den alten Lehrkräften standen viele schon im Promotionsverfahren, um mit dem neuen Standard mitzuhalten. Wir waren fünf sogenannte A-Klassen, das heißt Studienrichtung Nautik. Eine Seminargruppe immer meist mit über 20 Studenten. Zusätzlich waren noch Studenten der Studienrichtung Maschine, Funk und Ingenieurökonomie, alle im ersten Studienjahr, an der Schule. Das Unterrichtsniveau war entsprechend hoch, da an allen Hochschulen und Universitäten der DDR im ersten Studienjahr das Gleiche gelehrt wurde. Dies bedeutete für uns, es hieß, sich erst einmal tüchtig dahinter zu klemmen, um nicht gleich hoffnungslos im ersten Jahr den Anschluss zu verlieren. Die es versäumten, mussten schon während oder nach dem ersten Studienjahr die Segel streichen. Der Unterricht begann nach dem Frühstück und dauerte bis zum späten Nachmittag, unterbrochen von einer Mittagspause. Danach war die Zeit zum Selbststudium zu nutzen. Gelehrt wurde entweder in Seminarform oder in gemeinsamen Vorlesungen. Wir hatten eine Seminargruppenleitung zu wählen und wie auf den Schiffen eine Parteigruppe für alle diejenigen, die schon Mitglied der SED waren, und dazu die FDJ-Gruppe mit den Mitgliedern. Der politische Unterricht hatte hohen Stellenwert und war in verschiedene Fächer aufgeteilt. Jede Seminargruppe nahm den Kampf um den Titel „Sozialistisches Studentenkollektiv" auf. Unser Seminarleiter gab uns den guten Rat, wir bräuchten nicht mehr und nicht weniger tun, als alle anderen. Nur klappern gehöre zum Handwerk, das hieß wir sollten uns immer in Szene setzten, damit unsere Seminargruppe doch ab und an positiv im Gespräch bleibe. Diesen Ratschlag haben wir uns zu Herzen genommen und erhielten später diesen Titel. Danach folgte die fachspezifische Ausbildung, diese sollten wir dann ab dem 2. Studienjahr in Warnemünde erhalten.

* * *

Fortsetzung des Studiums in Warnemünde

Nach dem ersten Jahr in Wustrow wurde das Studium in Warnemünde fortgesetzt. Die IHS Warnemünde / Wustrow war, von der Rostocker Stadtautobahn kommend, am linken Orteingang nicht zu übersehen. Hier sollten wir für die nächsten zweieinhalb Jahre unser Studium fortsetzten.

Untergebracht waren die Studenten in Warnemünde in einem Wohnobjekt direkt auf dem Schulgelände und einem Wohnlager, bestehend aus Baracken, gelegen an der Stadtautobahn Rostock – Warnemünde, bei den Seefahrtschülern nur unter den Namen „Texas“ bekannt. Es handelte sich um ein ehemaliges Wohnlager der Warnow-Werft. Während die Insassen des Wohnhauses auf den durch Pförtnerdienst bewachten Gelände der IHS ständig unter Beobachtung standen, hatten wir hier draußen unseren eigenen Nachtwachdienst und Lagerverwaltung, waren somit aus dem Schuss- und Blickfeld der Schulleitung. Die Stuben waren etwas spartanischer als in Wustrow, aber ähnlich. Da wir nun hier in Warnemünde nur noch Mittagessen beziehen konnten, mussten wir uns nun morgens und abends selbst verpflegen. Dazu hatten wir eine Gemeinschaftsküche mit ein paar Herdplatten, Kühlschrank und Abwaschgelegenheiten in jeder Baracke. Geschirr hatte jeder für sich selbst mitzubringen. Dusche und Toiletten wie gehabt wieder auf dem Gang. Da wurde eben gegessen, was jeder so hatte oder von zu Hause mitbrachte. Die Kantine auf dem Schulgelände war morgens ein beliebter Anlaufpunkt. Dort gab es zur Not als letzte Anlaufstelle Bockwurst, Kaffee, Kuchen und belegte Brötchen sowie alkoholfreie Getränke zu kaufen. Für mich waren immer frische Sprotten vom Fischer für 1,50 Mark, dazu 3-4 Butterbrötchen, runtergespült mit zwei einfachen kleinen Bierchen zum Abendbrot ein Hochgenuss, den ich mir ab und zu gönnte. Ansonsten hatte ich meine Proviantpakete, die meine Schwiegermutter mir liebevoll zusammenstellte. So kam ich einigermaßen über die Runden, denn Brot und Brötchen waren äußerst billig, da diese Preise vom Staat gestützt waren. Der Studentenclub befand sich auch hier draußen, so war der Heimweg schon gespart. Zum Unterricht fuhren wir mit dem Bus, doch es kam auch oft vor, dass wir den Weg bei Wind und Wetter zu Fuß bewältigten. Es waren nur gute 10-15 Minuten Fußmarsch.

Der Unterricht erfolgte auf Grund der vollen Auslastung der Schule im Schichtbetrieb. Das bedeutete eine Woche Frühschicht, in der der Unterricht schon, wenn ich mich recht entsinne, um 7.30 h begann, und dann eine Woche Spätschicht, wo die ersten Unterrichtsstunden wohl erst nach 10 Uhr begannen und am späten Nachmittag endeten. Mittagessen war deshalb auch in Schichten in der Kantine einzunehmen. Dies war insofern günstig, weil wir bei Spätschicht länger ausschlafen konnten. Das brauchten wir dann und wann auch nach einem ausgedehnten Bummel durch Warnemündes Lokalitäten. Dies konnten wir trotz allem nicht lassen.

Mein Freund Kanne verursachte damals mal einen Schulskandal, als er meinen Rat: „Lass uns nach Hause gehen“, nicht befolgte und in der „Achteren Strom Bar“ im Kurhaus bis zum Ende verblieb. Da morgens gegen 5.00 Uhr kein Bus mehr fuhr und er keine Lust hatte bis „Texas“ zu tippeln, beschloss er die Nacht in der Schule in der kleine Aula zu verbringen und dort eine Mütze Schlaf zu nehmen. Diese hatte grün gepolsterte Stühle, welche ihm wohl im Hinterkopf hängen geblieben waren. Wir hatten diese Woche Spätschicht. Nun aber wollte unser damaliger Professor Scharnow morgens seine Vorlesung in Meteorologie halten und fand einen tief schlafenden Studenten auf drei oder vier zusammengeschobenen Stühlen vor. Es dauerte eine Weile bis man feststellte, aus welcher Seminargruppe er kam, und unsere verantwortliche Dozentin für die Seminargruppe erweckte ihn dann mütterlich aus dem Tiefschlaf. Dieser Vorfall drang schon bis „Texas“ vor, da war Kanne noch nicht mal zurück. Die Sache hatte keine Konsequenzen. Wir hatten ja zum Glück Spätschicht.

Da ich gerade bei solcherart Episoden bin, dazu noch ein Geschichte, die weniger glimpflich ablief. Auch nach einem doch etwas längeren Kneipenbummel verspürte einer der Studenten Lust, doch in der neuen Meeresschwimmhalle vom Hotel Neptun in Warnemünde ein Bad zu nehmen. Da die Schwimmhalle um Mitternacht geschlossen war, verschaffte er sich Einlass durch Zerschlagen der Glastür. Im Bad, während er seine Runden schwamm, wurde er dann von einer VP-Streife erst einmal in Gewahrsam genommen. Dies hatte aber Folgen. Er landete vor der Disziplinarkommission der Schule und musste außerdem die nicht billige Glastür ersetzten. Er konnte dennoch knapp der Exmatrikulation entgehen, da er ein ausgezeichneter Student war und es bisher noch zu keinen Vorfällen gekommen war. Was ich damit sagen will, wir waren alle keine Engel, ich eingeschlossen, trotz der doch nun jahrelangen Erziehung im sozialistischen Sinne. Wichtig war uns trotz alledem, erfolgreich das Studium abzuschließen. So verging die Zeit mit Unterricht, dem Schreiben der entsprechenden Klausuren, um das jeweilige Studienjahr erfolgreich zu beenden. Nach jedem Jahr konnten wir voller Stolz an unserem Uniformärmel eine blauen Streifen hinzufügen.

Ein Seminar habe ich noch gut in Erinnerung. Es wurde gehalten vom damaligen Leiter der Havariekommission der DDR, Kapitän zur See Dr. Elchlepp. Es war ein Spezialseminar, wo er uns einige Seeunfälle, die im Laufe der Zeit in der DDR-Flotte vorgekommen waren, erläuterte. Ein Dorn im Auge war ihm schon, wenn ein Student mit nicht ordnungsgemäßer Uniform zum Unterricht erschien, zum Beispiel braune Schuhe zur blauen Uniform. Dies war seiner Meinung nach schon eine Nachlässigkeit, die die Einstellung dieses Studenten und seine Dienstauffassung darstellte. Er machte uns beim Erläutern der Seeunfälle klar, dass teilweise erst in wochenlanger Nachuntersuchung die Ursache für eine Havarie herausgearbeitet wurde, wir aber in der Praxis mit nur wenigen Minuten oder mit noch weniger Zeit zur Verfügung, die richtige Entscheidung zu treffen hatten. Dazu sagen möchte ich noch, dass er ein ausgezeichneter Rhetoriker war, und seine Darstellung uns dadurch immer sehr in den Bann gezogen hat.

Kurz ein paar Bemerkungen über die Zusammensetzung unserer Seminargruppe. Sie bestand aus Jüngeren, die direkt nach Lehrende mit Abitur ohne vorherigem oder wenig Praxiseinsatz zum Studium gekommen waren, dann unser mittlerer Jahrgang und ein paar lang gefahrene ältere ehemaligen Vollmatrosen, die mit uns das Abitur gemacht hatten. Dazu kamen noch Studenten, die langjährig bei der Volksmarine gedient hatten und im Besitz des Abiturs waren. Nur wenige waren so wie ich schon verheiratet. Dies brachte schon auf Grund der Zusammensetzung später einige Probleme mit sich, da die Interessen der einzelnen Gruppierungen doch erheblich weit auseinandergingen. Ein schönes Beispiel dazu war die Frage bezüglich

Abschlussfeier nach dem Studium. Die Seminargruppe sammelte seit Studienbeginn monatlich einen kleinen Betrag Geld ein, der für die spätere Abschlussfeier vorgesehen war, verwaltet vom Kassenwart der Seminargruppe. Im Laufe des dritten Studienjahres kamen nun Stimmen auf, doch mit diesem Geld eine Seminarfahrt zu organisieren anstatt Abschlussfeier. Unsere Kammer und einige andere waren strikt dagegen, aber es setzte sich der Führungskern der Seminargruppe durch. Der Vorschlag wurde angenommen. So wurde eine große Klassenfahrt zur goldenen Stadt Prag organisiert. Diese Klassenfahrt war auch recht schön, nur brachte sie meinem Kumpel Kanne und mir einen mündlichen Verweis wegen mangelhaften Kollektivverhaltens ein. Wir hatten uns in Prag mehrmals von der Seminargruppe abgesetzt und die Stadt allein erkundet, da wir andere Interessen hatten und dem Tross nicht folgen wollten. Dies besiegelte auch das Ende unseres Antrages, Mitglied der SED zu werden. Den „mündlichen" Verweis fand ich im Übrigen fein abgeheftet in meiner Kaderakte, welche mir nach der Wende übergeben wurde.

Das Studium neigte sich nun dem Ende zu.

Wir mussten noch eine dreimonatige Praxisreise auf der „J .G .FICHTE", die zum Studium gehörte, absolvieren. Danach hatte jeder seine Abschlussarbeit anzufertigen und zu verteidigen. Nach Bestehen aller Abschlussklausuren ohne Blessuren und erfolgreicher Verteidigung meiner Arbeit war das Studium zu Ende. Die Zeugnisverteilung erfolgte im ehemaligen Strandhotel in Warnemünde, dem heutigen Hotel Hübner. Im Gegensatz zu anderen Seminargruppen fiel unsere Abschiedsfeier aus, wir hatten dazu schon das dazu notwendige Geld bei unserer Prag-Fahrt ausgegeben. So verabschiedeten wir uns nur kurz untereinander, das war es. Unsere Kammerbesetzung aber zog gemeinsam zur am Strom gelegenen allseits bekannten Fischerklause, die wohl heute noch existiert. Glücklicherweise fanden wir dort alle vier ein Plätzchen, was nicht selbstverständlich war, da sie meist voll besetzt war. Meine Frau wartete zu Hause und hatte alles nett hergerichtet, um gemeinsam gebührend diesen Abschluss zu feiern. Aus dem Grunde hatte ich ihr versprochen nach Hause zu kommen. Sie war sicher am Zug, um mich abzuholen, wer nur nicht kam war ihr Göttergatte. Erinnern kann ich mich noch, dass ich auf jeden Fall die dazu notwendige S-Bahn für meinen Anschlusszug in Rostock erreichte. Aber im Zug muss ich wohl erschöpft (um nicht zu sagen besoffen) eingenickt sein, denn immer, wenn ich kurz einen Lichtblick hatte, fuhr ich mit diesem Pendelzug an der Warnow-Werft Warnemünde vorbei. Last not least, ich war erst kurz vor Mitternacht zu Hause. Erwähnen muss ich nicht, der Abend war gelaufen, meine Frau war stinksauer. Schwiegervater bemerkte nur trocken am nächsten Tag: „Was bist du auch so blöd und kommst an diesem Tag nach Hause." Lange hatte ich zu tun, um dieses Debakel bei meiner Frau wieder gutzumachen.

So endete mein Studium und ein neuer Lebensabschnitt sollte beginnen. Jetzt hieß es auch Abschied zu nehmen von meinem langjährigen Wegbegleiter und besten Freund Kanne und den inzwischen genauso gut tu Freunden gewordenen Martin und Jochen. Nun, nach dem Besuch der Seefahrtschule trennten sich die Wege.

Als Vierter Nautischer Offizier kamen wir auf verschiedene Schiffe. Wir sollten uns nur noch selten treffen oder voneinander hören. Jeder hatte letztlich mit sich und seiner Familie zu tun und führte nun sein eigenes Leben.

* * *

Grundwehrdienst

Etwas muss ich noch erwähnen. In den Zeitraum des Studiums in Warnemünde fiel auch unsere sogenannte Armeezeit. Während unserer Seefahrtzeit wurden wir nicht, wie sonst üblich, meist nach Abschluss der Lehrzeit eingezogen. Es wurde nach der Gründung der Ingenieurhochschule Warnemünde / Wustrow üblich, dass die Studenten im dritten Studienjahr zur militärischen Grundausbildung für acht Wochen eingezogen wurden. Dabei versahen die Studenten, die schon gedient hatten, entsprechend ihres Ranges, den sie bei der Armee gehabt hatten, ihren Dienst. Alle Studenten, die daran teilnahmen und noch nicht gedient hatten, wurden dabei vereidigt. Es war auch noch nicht üblich, dass die Absolventen der Ingenieurhochschule nach Abschluss des Studiums automatisch zum ersten Offiziersdienstgrad der Volksmarine ernannt wurden. Dies sollte erst viel später erfolgen. Wir Studenten des Studienbeginns 1971 waren der erste Durchgang, die bei dieser Grundausbildung nicht vereidigt wurden, so dass die Gefahr weiter bestand, nach Abschluss der Schule noch zum Armeedienst eingezogen zu werden.

Unser Ersatzgrundwehrdienst fand also im Frühjahr 1974 statt. Diese Ausbildung, ich werde es nicht vergessen, fand im damaligen Pionierlager in Markgrafenheide statt, das zu diesem Zeitpunkt nicht genutzt wurde. Es waren noch keine Schulferien. Die Armee übernahm das Kommando. Die Studenten wurden in Kompanien aufgeteilt und auf die dortigen Bungalows verteilt. So landete ich dort in der 5. Kompanie. Das sollte nochmal für mich große Bedeutung haben. Dann erfolgte die militärische Ausbildung. Uns wurde nichts geschenkt in diesen acht Wochen. Straffer militärischer Drill, Wache schieben, Waffendienst, Kampftaktik, eben alles was zu einer militärischen Grundausbildung gehört. Der Dienst war teilweise hart, die sportlichen Anforderungen und die Körperertüchtigung hatten hohen Stellenwert. Ich denke da nur zurück an unsere Tempoläufe mit Knobelbechern (Armeestiefeln) im Sand des Strandes von Markgrafenheide. Dazu gehörte auch unser täglicher Gewaltmarsch (8 km) zum Übungsacker sowie der Abschlussmarsch über 30 km mit voller Ausrüstung und davon 10 km unter Gasmaske. So kam ich um einige Pfunde erleichtert von diesem Lehrgang zurück.

Jeder Ausbildungsabschnitt wurde benotet und in der Dienstakte vermerkt. Einen Dienstgrad erhielten wir nach Abschluss nicht, da wir ja nicht vereidigt wurden. Wie ich schon oben kurz aufgeführt hatte, die Gefahr bestand, dass jeder noch nach Abschluss des Studiums eingezogen werden konnte. Dies sollte auch beinahe bei mir Wirklichkeit werden. Im Frühjahr 1976, ich hatte gerade als 3. Offizier Fuß gefasst, erhielt ich einen Hinweis von meinem Arbeitskräftelenker, dass ich wahrscheinlich damit rechnen müsste, im Herbst zur Armee eingezogen zu werden. Das war ein Schlag, der gar nicht eingeplant war. Wie schon erzählt, waren wir gerade in unsere neue AWG-Wohnung in Lichtenhagen eingezogen und unser Sohn hatte sich angemeldet. Es drohten 1 ½ Jahre Wehrdienst, dies mit 26 Jahren, und vor allem mit einem spärlichen Soldatensold, wo doch jede Mark gebraucht wurde. Was nun? Irgendwie war mir zu Ohren gekommen, dass schon andere genauso betroffen waren, diese hatten sich dann auf den abgeleisteten Grundwehrdienst berufen und wurden danach freigestellt. So suchte ich den damaligen Beauftragten der Armee für Studenten auf. Als ich in seinem Büro in der Rostocker Südstadt auftauchte und anfing mein Kommen zu erklären, sagte er: „Wohl den blauen Brief bekommen, was?“ Das waren die gefürchteten Einberufungsbefehle. Den hatte ich ja noch nicht bekommen, dann wäre sowieso alles zu spät gewesen. So erklärte ich ihm meine missliche Lage und dass ich ja eigentlich schon Grundwehrdienst geleistet hatte. Zufälligerweise war der Major aber bei der militärischen Ausbildung, die ich oben beschrieben habe, mein Kompanieführer. Deshalb erwähnte ich dies im Gespräch, dass ich während dieser Ausbildung in seiner 5. Kompanie gedient hatte. „Was“, sagte er, „Freiwald, da wollen wir doch gleich mal nachschauen“ und holte mit Leichtigkeit diese Akte der 5. Kompanie hervor. Dann blätterte er so durch meine Akte und betrachte meine gezeigten Leistungen während der Ausbildung und meinte nur trocken: „Beine hast du dir hier aber nicht ausgerissen“ und ließ die Bemerkung eine Weile so im Raum stehen. Nun ist alles vorbei, dachte ich. Dann griff er aber entschlossen in seine Schublade und schrieb eine Bescheinigung aus, mit der Bemerkung: „Na, wollen mal nicht so sein.“ Mit dieser Bescheinigung sollte ich zum Wehrkreiskommando gehen und würde mit sofortiger Wirkung in die Reserve versetzt werden. Damit eilte ich selbstverständlich sofort zum Wehrkreiskommando und gab diese für mich sehr wichtige Bescheinigung ab und war damit Reservist, aber wie ich immer sagte ohne Dienstgrad. Die Reederei hat im Nachhinein noch für viele andere den gleichen Weg beschritten und so manchem den Wehrdienst erspart, aber nicht alle hatten Glück. Diese Einstufung Reservist ohne Dienstgrad, sollte später noch einmal zum Problem werden.

* * *

Vierter Nautischer Offizier auf MS „ZWICKAU“

Nach dem Abschluss meines Studiums an der IHS Warnemünde / Wustrow und einer Wartezeit musterte ich Ende April 1975 als 4. Offizier auf dem MS „ZWICKAU“ an. Problem war, die Absolventen des Studienjahres 1975 mussten auf die Schiffe verteilt werden, die Rostock nach und nach anliefen. So kam es zu einer zeitweiligen Zwischenbeschäftigung im VEB Schiffsversorgung Rostock. Dies war nun wirklich kein ruhmreicher Anfang meiner nautischen Karriere.

Die „ZWICKAU“ sollte mein Stammschiff werden, und ich fuhr dort mehr als sechs Jahre und war zum Schluss 2. Offizier, bevor ich dann abmustern musste, als ich während eines Urlaubs für mich völlig unvorbereitet und überraschend im Mai 1981 zum Ersten Offizier befördert wurde. Die Zwickau war 1957 in Schweden gebaut worden, also ein schon etwas betagter Erz- / Ölfrachter, und fuhr damals nur noch als Massengutschiff. Die Öltanks wurden als Ballasttanks genutzt. Zu diesem Zweck fuhr ein Pumpenmann mit, ein Luxus, den wir wohl zu schätzen wussten. Auf der Zwickau kam ich in ein gefestigtes Kollektiv, wie man es damals nannte, das eine Stammbesatzung hatte, die schon über viele Jahre an Bord war. Das Einsatzgebiet war Norwegen, Ostsee, Schwarzes Meer, Brasilien und verschiedene Häfen im Mittelmeer. Da das Schiff über selbsttrimmende Luken verfügte, transportierte es meist die nicht ungefährliche Ladung Eisenerzkonzentrat. Hauptsächlich pendelten wir aber zwischen Murmansk und Rostock, um von dort Eisenerzkonzentrat zu holen.

* * *

Manch einer / eine träumt ein Leben lang davon, die Welt zu retten, so wie der einstige Große Vorsitzende, der versuchte, sein gesamtes Staatsvolk zum proletarischen Internationalismus im Sozialismus zu erziehen. Diesem großen Ziel ordneten sich auch die Seeleute der Deutschen Seereederei unter, schlicht und einfach weil ohne die gegenseitige Achtung aller Völker und Nationen, ohne das Zusammenleben in Frieden und Freundschaft die Seefahrt nicht funktioniert.

Mein Traum seit frühester Kindheit dehnte sich nicht darauf aus, Menschen auf allen Erdteilen glücklich zu machen, sondern beschränkte sich darauf, das Glück in eigener Person zu finden. Ich wollte schon immer Kapitän werden. Und auf steinigem Pfad ist mir das letztlich auch gelungen. Ich brauchte viele Jahre, um dies zu verwirklichen.

Nun im Alter stelle ich mit Genugtuung fest, dass dieser Traum kein Hirngespinst gewesen ist. Ich hegte nie Zweifel daran, dieses Ziel zu meinem Lebensmotto zu erheben. Ich träumte, aber ich machte mir nie Illusionen über den Weg, den ich beschreiten würde, denn trügerische Hoffnungen scheitern nur allzu oft. Wie ich in der lieblichen Lausitz auf die Idee kam, zur See zu fahren, das weiß ich gar nicht mehr genau zu sagen. Vielleicht erbte ich das Seefahrerblut von meinem Vater, der bei der Kriegsmarine gedient hatte und leider viel zu früh verstarb, um mich ein Stück meines Weges zu begleiten…

Mit einer Zeile des Liedermachers Hannes Wader sei an jene erinnert, deren Träume durch staatliche Willkür platzten, oder an jene, die später vor Gram über ihren schmachvollen Abgang aus dem Seefahrerleben mit sich nicht mehr ins Reine kamen: „Ja, auch dich haben sie genauso belogen, wie sie es mit uns heute immer noch tun. Und du hast ihnen alles gegeben, deine Kraft, deine Jugend, dein Leben.“
(„Es ist an der Zeit“ – youtube)

* * *

Kurz nach Ende des Studium, also 1975, erhielten wir die Zusage für eine 2 ½-Zimmer-AWG-Wohnung in Rostock-Lichtenhagen. Den Antrag dafür hatten wir bei Studienbeginn 1970 gestellt und über die Jahre den zu zahlenden AWG Anteil abgestottert. Die Freude war riesig. So zogen wir in diese für uns damals sehr schöne Wohnung nach Rostock-Lichtenhagen. Es war ein Unterschied wie Tag und Nacht, auf einmal über Bad, Küche, Stube, Schlafzimmer und Kinderzimmer zu verfügen. Die Wohnungen hatten alle Fernheizung. Dazu noch ein Balkon mit direktem Blick zum Lichtenhagener Zentrum. Als wir nun unsere spärlichen Möbel verteilt hatten, fehlte einiges an der Einrichtung. Die erste Zeit schliefen wir auf Matratzen auf dem Fußboden, da uns das Geld für eine Schlafzimmereinrichtung fehlte. Nach dem Studium und Umzug waren wir erst einmal pleite. Hier kam uns der zinslose staatliche Kredit von 7.000 Mark für junge Ehepaare zu Hilfe, den wir beantragten und auch erhielten. So konnten wir uns doch einigermaßen einrichten. Genauso nutzte meine Frau, als im Jahre 1976 unser Sohn geboren wurde, die einjährige Freistellung von der Arbeit, das sogenannte Kinderjahr mit Bezahlung, nicht ahnend, dass all diese familienpolitischen Maßnahmen von der Partei- und Staatsführung meist auf Pump bereitgestellt wurden und wesentlich zum späteren Untergang der DDR beitrugen. Wir waren glücklich und zufrieden.

Die Deutsche Seereederei (DSR) war ja eine Staatsreederei, die gegründet wurde, um den Handel und Transport in die eigenen Hände zu nehmen, um vor allem unabhängig zu werden von Transportleistungen des kapitalistischen Auslands. Später kam die Erwirtschaftung von Devisen für den Staatshaushalt der DDR hinzu. Die Flotte wuchs stetig durch Ankauf von Schiffen und den Zulauf von modernen Neubauten aus den Werften von Rostock, Wismar, Stralsund und Boizenburg, insbesondere Ende der sechziger Jahre und den siebziger Jahren. Dadurch verbesserten sich die Lebensbedingungen der Seeleute im Laufe der Jahre kontinuierlich.

An Bord gab es eine gute Verpflegung, so denn das Schiff einen guten Koch hatte. Leider war dies natürlich nicht immer der Fall, aber ich habe ausgezeichnete Köche kennengelernt, die mit dem vorhandenen Vorräten und Budget ein schmackhaftes Essen zauberten. Der Tag begann mit dem reichhaltigen Frühstück, dem Mittagsessen (drei Gänge jeden Tag) und endete mit dem Abendessen, jeden Tag warm, außer Sonntag und Donnerstag, da gab es nur kalte Platte. Die Voraussetzungen für gutes und schmackhaftes Essen waren jedenfalls immer vorhanden. Einziges Problem waren Frischgemüse, Obst und Südfrüchte, die auf Devisenbasis bei längeren Reisen gekauft werden mussten. Auf dem Schiff waren je nach Größe der Besatzung ein Chefkoch, Kochsmaat sowie für den Service ein Obersteward und ein bis zwei Stewards an Bord, wobei der Anteil an Frauen, die als Köchin, Kochsmaat oder Stewardess fuhren, sehr hoch war.

Auch sonst wurde einiges für die Seeleute getan. So gab es in Rostock später einen Bootsverkehr von Reede, der zweimal am Tag fuhr, so dass ein Teil der Besatzung schon nach Hause fahren konnte, was wechselseitig genutzt wurde. Nach dem Einlaufen der Schiffe stand ein Fahrdienst zur Verfügung, welcher die Heimaturlauber entweder zum Bahnhof brachte beziehungsweise in die Stadtteile von Rostock zu ihren Familien. Jährlich konnte man einen FDGB-Urlaubsplatz bei der Ferienkommission beantragen. Nicht immer bekam man sein Traumziel zugewiesen, aber die Seemannsfamilien konnten doch jeweils sehr preiswert in den meist reedereieigenen Urlaubsheimen schöne Tage verbringen. Besonders die Einführung von Ablösebesatzungen war ein weiterer Schritt, die Lebensbedingungen der Seeleute und besonders der Familien zu verbessern. Es gab zwei Schiffe, auf denen jeweils eine Stammbesatzung fuhr. Diese wurden dann für die entsprechende Urlaubszeit durch eine Ablösebesatzung ersetzt. So hatte man nach vier Monaten Einsatz zwei Monate Urlaub, danach folgte drei Monate Einsatz mit einem nachfolgenden einmonatigen Urlaub, so dass sich Urlaubszeiten auch jahreszeitlich verschoben, damit nicht immer die Gleichen im Sommer in Urlaub waren beziehungsweise Weihnachten zu Hause. Vorteil war für unsere Frauen, sie kannten unsere Urlaubzeit teilweise über Jahre voraus, was die Urlaubsplanung wesentlich erleichterte.

Dies erforderte von der Reederei natürlich eine größere Vorhaltung an Personal mit den entsprechenden Kosten. Es waren also durchaus gute Voraussetzungen und Bedingungen für die Seeleute, die nach und nach geschaffen wurden. Die Seefahrtsschule hatte ich mit dem Abschluss Hochschulingenieur für Schiffsführung abgeschlossen. Ich sagte mir aber, dass ein Hochschulstudium mit dem Abschluss als Diplomingenieur endet. Deshalb nutzte ich im Jahre 1978 das Angebot der Reederei dieses Diplom in einem externen Semester zu erwerben. Sogar verdienstvollen Kapitänen, Leitenden Ingenieuren und Funkern wurde dies angeboten, um somit den Abschluss Diplomingenieur zu erhalten. Nach dem Abschluss des Studiums an der IHS Warnemünde / Wustrow wurde einem das Nautische Patent A5 (Nautischer Offizier Große Fahrt) ausgehändigt. Zur Erlangung des Patentes A6 Kapitän Große Fahrt musste eine zweijährige Fahrtzeit als Nautischer Offizier nachgewiesen werde. Danach hatte der Inhaber eigentlich das Recht, das Patent A6 zu erhalten. Es war eine Besonderheit in der DDR, dass die Patente A6 und analog C6 (Leitender Ingenieur) erst ausgehändigt wurden, wenn man zur Beförderung zum 1. Offizier oder 1. Ingenieur vorgesehen war. Voraussetzung war dazu der Vorschlag und eine entsprechende Beurteilung der jeweiligen nautischen oder technischen Inspektion. Das A6 und das C6 wurden somit denjenigen unrechtmäßig vorenthalten, die trotz Ausbildung und Erfüllung der notwendigen Fahrtzeit nicht für die höheren Ränge vorgeschlagen wurden, aus welchen Gründen auch immer. Nach der Wende forderten die Betroffenen ihr rechtmäßig zustehendes Patent beim noch bestehenden Seefahrtsamt der DDR ein.

Nach Gründung der SED-Kreisleitung Seeverkehr und Hafenwirtschaft im Jahre 1974 nahm diese nun entscheidend Einfluss auf die Kaderpolitik der Reederei, so dass später Ende der 1970er und insbesondere in den 1980er Jahren eine Beförderung in die leitenden Offiziersränge 1. Ingenieur, Leitender Ingenieur oder 1. Offizier, Kapitän ohne SED-Mitgliedschaft ausgeschlossen war. Gleich chancenlos war der, der in eine der damals existierenden Blockparteien eintrat, um die Mitgliedschaft in der SED zu vermeiden. Auf Grund dieser Kaderpolitik verlor die Reederei teilweise ausgezeichnetes Personal, da zum Beispiel viele fachlich sehr gute 2. Offiziere, die nicht gewillt waren Mitglied der SED zu werden, entnervt und enttäuscht das Handtuch warfen und sich einen Job an Land suchten. Neben der fachlichen Eignung war die Beteiligung an der gesellschaftlichen Arbeit an Bord eine wesentliche und wichtige Voraussetzung für eine Beförderung. An Bord gab es die Parteigruppe der SED, die FDJ-Gruppe und die Gewerkschaftsgruppe, die von der Schiffsgewerkschaftsleitung (SGL) angeleitet wurde. Die Mitgliedschaft in der Gewerkschaft war Pflicht. Von ihr ging auch der jährliche Kampf um den Titel „Kollektiv der sozialistischen Arbeit" aus. In den 1970er Jahren kamen dann auf allen größeren Schiffen die Politoffiziere dazu. So kam auch die Schiffs- und Parteileitung der „ZWICKAU" auf mich zu, doch endlich Genosse zu werden. Nach dem Desaster unseres ersten Antrages, der ja wegen einer Nichtigkeit fehlgeschlagen war, hatte ich eigentlich nicht mehr die Absicht nochmals einen Antrag zu stellen. Ihre Argumente, auch in Hinblick, einmal Kapitän zu werden, nach ihrer Meinung ohne Mitgliedschaft in der SED nicht möglich und meine damals noch positive Einstellung zu diesem Staat überzeugten mich schließlich.

So war ich nicht nur auf der „ZWICKAU" gesellschaftlich, ob nun als Vorsitzender der Schiffsgewerkschaftsleitung oder später in Parteileitungen aktiv. Diese Aufgaben führte ich mit der nötigen Initiative und Gewissenhaftigkeit aus und hatte dabei immer eine Überzeugung an der Sache. Ansonsten würde ich ja für viele Menschen, die mich kennen, unglaubwürdig werden.

Die DDR war nun mal zu dieser Zeit ein real existierender eigenständiger deutscher Staat, wie immer so schön gesagt wurde, und inzwischen auch Mitglied der UNO. Dies fand auch zunehmend internationale Beachtung. Geschichte wiederholt sich. Auch in unserer heutigen Zeit ist die Mitgliedschaft in der richtigen Partei bei bestimmten Karrieren sehr förderlich.

Inzwischen war ich auf der „ZWICKAU“ zum Zweiten Offizier befördert worden und empfahl mich durch gute fachliche und gesellschaftliche Arbeit für höhere Aufgaben. Diesbezüglich wurde wohl dafür unter Federführung der SED-Kreisleitung Seeverkehr und Hafenwirtschaft und der Kaderabteilung der Deutschen Seereederei ein Kaderentwicklungsprogramm erarbeitet. Die Leitungsposition des Kapitäns wurde sehr hoch angesetzt, etwa vergleichbar mit der Position eines Kombinats-, oder Betriebsdirektor oder Leiters einer Verwaltungsbehörde. Deshalb sollte diese Position nur von Genossen besetzt werden, die sich als geeignet erwiesen und ihre Linientreue und Parteiergebenheit schon unter Beweis gestellt hatten. Dies war Voraussetzung für die Aufnahme in der (Nomenklatur) Kaderkandidatenliste. Es war also ein langer Weg, ehe man die Bestätigung zur Beförderung zum Kapitän erhielt. Natürlich hatten bei diesem Verfahren auch die Abteilung Sicherheit der DSR sowie das MfS (Ministerium für Staatssichert) ein Wort mitzureden. So war ich wohl im Laufe des Jahres 1980 auf dieser Beförderungsliste gelandet. Gesagt hat es mir keiner, aber aus verschiedenen Gesprächen konnte ich es erahnen. Deshalb handelte ich zunächst gemäß ihren Empfehlungen, denn ich wollte ja mal Kapitän werden. Dazu gehörte auch ein dreimonatiger Lehrgang an der Bezirksparteischule. Anschließend war auch ein zeitweiliger Einsatz als Politoffizier vorgesehen. Dies konnte ich mit der Argumentation umgehen, indem ich sagte, dass ich nach einer langen Ausbildung und Studium an der Seefahrtsschule, wohl der Reederei als Nautiker in der Flotte besser dienen könnte. Erstaunlicherweise wurde meine Argumentation akzeptiert. Der Gesprächsleiter meinte zwar noch: „Sollen etwa nur Dummköpfe (ohne Studium) als

Politoffizier fahren?“ So konnte ich weiter als Zweiter Nautischer Offizier auf meinem Stammschiff MS „ZWICKAU“ fahren.

Im Mai 1981 wurde ich während eines Urlaubs, für mich überraschend und unvorbereitet, zum 1. Offizier befördert. Normalerweise wurde man an Bord langsam an die nächste höhere Position herangeführt. In der Regel musste man 2-4 Jahre als Zweiter Offizier gefahren sein, um zum 1. Offizier befördert zu werden. Für die Beförderung zum Kapitän war Voraussetzung eine Fahrzeit als 1. Offizier von wenigstens 4-6 Jahren. Ausnahmen bestätigten die Regel, insbesondere bei aufgetretenen Personalengpässen. So trat ich von heute auf morgen meinen Dienst als 1. Offizier auf dem MS „MEISSEN“ an, um von Kuba eine Ladung Rohzucker zu holen. Somit endete meine langjährige Fahrzeit auf der „ZWICKAU“.

Nach meinem erstmaligen Einsatz als Erster Offizier auf dem MS „MEISSEN“ im Mai 1981 und einem kurzen Urlaub sollte ich auf der „JENA“ meinen nächsten Einsatz fahren. Das MS „JENA“, ebenfalls ein OBC(Ore, Bulk, Container)-Frachter wie die „MEISSEN“, war im Februar 1978 von der DSR in Dienst gestellt worden. Gebaut wurden diese Schiffe auf der Mathias-Thesen-Werft in Wismar. Das dritte Schiff dieser Reihe erhielt den Namen „WEIMAR“. Mit diesen Frachtern konnten jeweils Eisenerz (in Luke 1, 3 und 5) und sonstiges Massengut sowie Container gefahren werden. Angetrieben wurden die Schiffe von einer MAN-Lizenzmaschine mit 11.200 PS, welche auf einen Verstellpropeller übertragen wurden. Mit einer Tragfähigkeit von 23.308 tdw zählten sie zu den mittelgroßen Massengutschiffen der Reederei.

Das Schiff wurde geführt von Kapitän Heinz Erich Gröning. Ihn kannte ich schon von der „ZWICKAU“ her und sollte mit ihm später auch noch einen Einsatz in gleicher Konstellation auf dem Kühlschiff „ERNST MORITZ ARNDT“ machen. Gut erinnern kann ich mich noch daran, wie er auf der „ZWICKAU“ beim Ansteuern von Murmansk die russischen Behörden und den russischen Lotsen in perfektem Russisch abkanzelte, als diese ihn mit irgendwelchen Ausreden hinhalten wollten, in der Annahme er verstehe nicht was gesagt wird. Diese Situation habe ich später immer als Warnung an meine Besatzung weitergegeben: „Denken sie niemals, dass von den Behörden, die sie momentan an Bord haben, keiner unsere Sprache versteht." In diesem Zusammenhang ermahnte er mich eindringlich, nicht allzu gutgläubig zu sein. Damit meinte er, alles erst einmal kritisch zu betrachten: „Nicht alle Menschen wollen dir Gutes tun." Auf Grund seiner Erfahrung konnte ich viel von ihm lernen.

Als ich an Bord der „JENA" kam, wurde ich darüber informiert, dass das Schiff eine Ladung Getreide von Baltimore holen sollte. Mit einem Massengutschiff Getreide zu transportieren, gehört sozusagen zur hohen Schule des Seetransportes, da er sich als sehr gefährlich herausstellen kann. Erinnert sei an den Untergang der „PAMIR". Bekannt war inzwischen auch, dass speziell unsere Schiffe in den USA besonders streng vor dem Laden kontrolliert wurden. Die Abnahme der Laderäume erfolgte immer sehr sorgfältig. Diese mussten trocken und sauber sein. Des Weiteren durfte kein loser Rost entdeckt werden. Die Aufgabe der Decksgang während der Überfahrt bestand darin, die Laderäume entsprechend sorgfältig vorzubereiten. Zudem musste der Erste Offizier den Authorities eine Stabilitätsberechnung vor Ladebeginn vorlegen, jeweils für das Auslaufen im Ladehafen und für die Ankunft im Bestimmungshafen. Erst nachdem die Laderäume und die Stabilitätsberechnungen von den amerikanischen Behörden abgenommen worden waren, wurde das Schiff zur Beladung freigegeben. Vor Ladebeginn hatte der Erste Offizier dem Vormann seine Gesamtlademenge anzugeben. Zwei, drei Tage vor dem Erreichen des Hafens bekam der Kapitän die Dichte des zu ladenden Getreides übermittelt. Diese war dann Grundlage für die Berechnung der Lademenge. Da zu damaliger Zeit die Schiffe keinen Ladungsrechner besaßen, musste also die Stabilität per Hand ausgerechnet werden. In den Stabilitätsunterlagen fand man dafür einige Beispielrechnungen.

Deshalb wurde bei der Ressortübergabe in Rostock sorgfältig auf diese Aufgabe eingegangen, weil Getreide laden für mich Neuland bedeutete und mein Erfahrungsschatz als Erster Offizier doch noch recht bescheiden war. Somit stürmten in den zwei, drei Stunden der Übergabe viele Informationen auf mich ein. Unmöglich, alles zu behalten. Ich erinnere noch, dass ich einen Wert, den ich zur Stabilitätsberechnung brauchte, wohl zwei Tage während der Überfahrt suchte, bis ich ihn in den Unterlagen fand.

Nachdem das Schiff nach Löschende im Überseehafen seeklar gemacht worden war, begann die Reise. Von Rostock sollte es via Nord-Ostsee-Kanal und den Englischen Kanal über den Atlantik nach Baltimore gehen. Die Großwetterlage sah gut aus. Während der Passage des NOK lernte ich die Manövereigenschaften eines Schiffes mit Verstellpropeller kennen. Dessen Vorteil bestand darin, dass die Kanalgeschwindigkeit gemäß den Erfordernissen genau angepasst werden konnte, indem die Steigung des Verstellpropellers verändert wurde. Als nachteilig stellte sich heraus, dass ein gewisser Zeitraum verging, bevor beim Zurückmanövern eine Wirkung einsetzte. Dieses Verhalten musste bei den Anläufen der Schleusen besonders beachten werden, damit das Schiff rechtzeitig zum Stehen kam.

Während der Kanalpassage wurde die in der Flotte übliche Doppelwache gegangen, jeweils sechs Stunden der Kapitän zusammen mit dem Dritten Offizier und der Erste Offizier als Wachleiter mit dem Zweiten Offizier. Diese Besonderheit der DDR-Seefahrt war gesetzlich abgesichert. Der Kapitän hatte die entsprechenden Eintragungen im Schiffstagebuch vorzunehmen. Er hob dann auch die Doppelwache per Eintrag im Schiffstagebuch wieder auf, indem er das Kommando wieder übernahm.

Nach dem Verlassen des Nord-Ostsee-Kanals passierten wir ohne Probleme Nordsee und Englischen Kanal. Wir passierten Land's End und liefen in den Atlantik.

Während der Überreise sollten zwei Ereignisse unsere Aufmerksamkeit in Anspruch nehmen, die erwähnenswert sind. Die ersten Tage nach dem Verlassen des Englischen Kanals verliefen ruhig. Eines Tages während meiner Morgenwache passierte ein Malheur. Ich hatte gerade meine Wache angetreten, der Zweite Offizier schon die Brücke verlassen, und ich begann meine erste Tasse Kaffee zu trinken. Sicht und Wetter waren gut, die üblichen Schiffsgeräusche von Maschine, Lüftern und anderen Aggregaten waren zu vernehmen. Plötzlich bemerkte ich wie die Maschinendrehzahl runterging und auf einmal gingen alle Lichter aus. Eine bemerkenswerte Stille setzte ein. Erschreckt musste ich feststellen, dass das Schiff mit der verbleibenden Geschwindigkeit stark nach Steuerbord zu drehen begann. Zum Glück befanden wir uns allein, weit und breit keiner zu sehen. Nicht auszudenken, wenn dies bei einem engen Überholvorgang passiert wäre. Wir hatten einen Blackout. Die eingestellte Steigung des Verstellpropeller, in der er stehen geblieben war, wirkte nun wie ein Ruder. Eine Maßnahme dagegen gab es nicht. Nun, dachte ich, es ist ja nicht dein erster Blackout, den du erlebst. Also wartete ich erst einmal ab, da ich davon ausging, dass der Bereitschaftsingenieur mit seinem Wachassistenten sicherlich bereits auf dem Weg in die Maschine wäre, um den Blackout zu beheben und er selbstverständlich seinen Leitenden Ingenieur vorher per Nottelefon informiert habe. Erfahrungsgemäß wurden die Maschinisten immer sehr ungehalten, wenn sie in den ersten Minuten, in denen sie mit der Fehlersuche stark beschäftigt waren, durch in ihren Augen unnötige Telefonanrufen von der Brücke belästigt wurden. Aber in diesem Falle vergingen fünf Minuten, zehn Minuten, keine Information kam vom Maschinenraum. Sie werden sicherlich Stress haben, dachte ich mir, als das Brückenschott aufgerissen wurde und unser LTO verschlafen in kurzem Schlafanzug vor mir stand und mich anblaffte, was hier los sei. Es stellte sich heraus, dass sich bis zu diesem Zeitpunkt keiner im Maschinenraum befand. Der verantwortliche Bereitschaftsingenieur hatte vermutlich nicht in seiner Kammer genächtigt, ansonsten hätte er den Alarm hören müssen. Das verwunderte mich schon sehr, da er mir mehrmals versichert hatte, dass er seine Maschine genau kenne und sofort mitbekäme, sollten sich die Umdrehungen ändern.

Genauso schnell wie der LTO gekommen war verschwand er, um seine Maschinengang zu aktivieren. Es dauerte noch eine Weile bis wir unsere Reise fortsetzen konnten. Was den Blackout auslöste und warum der Bereitschaftsingenieur dies nicht bemerkt hatte, wurde nicht offiziell ausgewertet. Meine Konsequenzen bestanden darin, dass ich im engen Fahrwasser zukünftig immer die schwarzen Bälle auf dem Peildeck angeschlagen stand by hielt, um sofort zu zeigen, dass das Schiff manövrierunfähig ist.

Das Wetter verschlechterte sich etwas, der Wind nahm zu und blies nun mit der Stärke Bft 6 bis 7. An und für sich bedeutete das kein Problem. Das Schiff fuhr in Ballast und stampfte leicht in der von vorn kommenden See. Zeitweilig setzte das Schiff etwas härter ein, zu spüren in den Aufbauten, die sich kurz schüttelten. Wir befanden uns nun schon einige Tage unterwegs, als nach der Mittagspause auf einmal Hektik aufkam. Was war passiert? An unserer großen Radarantenne waren auf Grund der Vibrationen, nicht nur während dieser Reise, alle Halteschrauben gebrochen. Die Radarantenne hing traurig mit der Nase nach unten am Radarmast, gehalten nur von einem dicken Kabelstrang.

Jetzt kam die große Stunde der Komplexbrigade Deck. Beim Chef der Komplexbrigade handelte es sich nicht um den Ersten Offizier samt Bootsmann, sondern nach dem Willen der Reederei um den Leitenden Technischen Offizier. Dieser übernahm nun die Leitung zur Bergung der Radarantenne.

Zum Leidwesen des Funkers, der fast verzweifelte, als er das Resultat der folgenden Bemühungen sah, wurde er nicht informiert. Denn die Decksgang übernahm nun die Bergung der kostbaren Radarantenne auf ziemlich rigorose Weise, indem der Kabelstrang mit einer Eisensäge durchgesägt wurde statt sie erst einmal abzufangen. Gottlob hatte man zumindest vorher den Strom abgeschaltet. Nun lag das Prachtstück wohlbehalten in der Steuerbord-Brückennock. Der Funker wurde blass, als er das Dilemma sah. Der Kabelstrang besaß einen Durchmesser von etwa zwei bis drei Zentimeter und beinhaltete eine entsprechende Anzahl von Drähten. Manche waren farblich gekennzeichnet, aber gleichzeitig ließen sich etliche Kabel gleicher Farbgebung erkennen. Dem herbeigeeilten Kapitän und dem Funker wurde sofort klar: „Hier haben wir ein großes Problem." Der Hafen von Baltimore liegt am Ende der Chesapeake Bay. Das Befahren der Bay erfolgt unter Lotsenberatung und gemäß den Vorschriften musste das Schiff über zwei funktionsfähige Radargeräte verfügen. Nun war guter Rat teuer. Zu allem Übel fuhren auf dem Schiff zwei Radargeräte aus polnischer Produktion mit. Diese sollten uns nach den Plänen der Regierung unabhängig von Geräten aus kapitalistischer Produktion machen. Die Geräte waren an und für sich nicht schlecht, ihr absoluter Nachteil bestand aber darin, dass weltweit dafür kein Service zur Verfügung stand. Mehrere Reparaturversuche durch den globalen Decca-Service oder andere Radarfirmen endeten erfolglos. Man winkte ab, da für diesen Typ keine Ersatzteile vorhanden waren. So mussten teilweise Ersatzteile oder sogar Monteure eingeflogen werden, um diese Radargeräte zu reparieren. Ein teurer Spaß.

Unser Glück bestand darin, dass wir am Tage bei gutem Wetter die Chesapeake Bay befuhren. Es lief nur ein Radar, welches der Lotse kaum benutze, da er nach Sicht fuhr. Nachdem wir Reede Baltimore geankert hatten, hier sollten auch die Laderäume abgenommen werden, kam die US Coast Guard an Bord. Es folgte die in US-Häfen übliche strenge Kontrolle aller Papiere, Pässe etc. Letztlich wurde auch die Brücke kontrolliert. Hier wurde natürlich das defekte Radar ins Protokoll aufgenommen, mit der Auflage, dass das Schiff vor Ablaufen zwei funktionstüchtige Radargeräte vorzustellen habe.

Was nun, einen Landservice konnten wir vergessen. Versuche diesbezüglich waren hier schon fehlgeschlagen. Also begannen der Funker und der Elektriker damit, die Radarantenne wieder zu installieren. Dieses Vorhaben musste in der uns verbleibenden Zeit und bei sehr widrigen Wetterbedingungen von 5 Grad plus und kaltem Wind gelingen. Für jedes Kabel des Stranges musste das passende Gegenstück gefunden werden. Sie arbeiteten bis zur Erschöpfung und schafften es schließlich, dass das Radargerät wieder soweit funktionstüchtig war, um ein korrektes Bild zu erhalten. Dem Herrgott sei es gedankt. Peilung und Abstand und andere Anzeigen funktionierten zwar nicht, aber der Scanner bewegte sich gut sichtbar über den Bildschirm. Der Coast Guard zeigten wir nun voller Stolz vor dem Auslaufen unsere beiden Radargeräte, wobei wir natürlich alle geforderten Anzeigen am anderen Gerät vorführten. Sie sahen ja am zweiten Gerät wie das gleiche Bild angezeigt wurde und der Scanner sich fleißig drehte. Glück gehabt.

Die Beladung verlief für mich erfolgreich, bis auf den Umstand, dass der LTO wohl zwei-, dreimal seine Ankunftsbestände für den Zielhafen änderte. Die letzte Änderung konnte nicht mehr berücksichtigt werden, da ich meine Lademenge schon abgegeben hatte und die Vorbereitung der Ladung schon begonnen hatte. Zum Dank musste ich mir dann auf der Rückreise Sticheleien anhören, wir hätten ja wohl 50-80 mt mehr laden können. Die Diskussion beendete ich kurzerhand mit dem Hinweis auf die mehrmalige Änderung der Ankunftsbestände. Trinkwasser abzulassen war für mich keine Option gewesen, da uns eine lange Rückreise bevorstand.

Der Anlauf eines US-Hafens ist in der Tat anstrengend. Deshalb atmeten alle auf, als wir den Chesapeake-Bay-Lotsen abgegeben hatten und die Heimreise antraten. Die Wetteraussichten für den Atlantik sahen nicht gut aus. Ein Sturmtief hatte sich angesagt. Möglichkeiten, diesem auszuweichen bestanden kaum, weil es sehr großflächig war. Wir hätten unseren Kurs weit nach Süden ändern müssen. Also versuchten wir so schnell wie möglich Abstand zu diesem Druckgebilde zu gewinnen. Probleme bekamen wir mit dem zunehmenden Wind. Der kam von West bis Nordwest, also von achtern. Nach ein, zwei Tagen erreichte der Sturm schon Bft 7 bis 8, und laut Wetterbericht sollte er weiter zunehmen bis Windstärke 10 bis 11 Bft. Kapitän und Nautiker verfolgten die Entwicklung mit Sorge, da achterliche See sehr gefährlich werden kann. Beim Anheben des Achterschiffes durch die schwere See kann es zu erheblichen Stabilitätsverlusten kommen. Nachdem der Wind schon auf Bft. 8 bis 9 zugenommen hatte, entschied der Kapitän, das Schiff in den Wind zu drehen. Ein sehr schwieriges und gefährliches Manöver unter diesen Umständen, zumal die Sonne schon untergegangen war. Zuerst beobachteten der Master und ich beide minutenlang den Wellengang. Meist trat nach drei hohen Wellen etwas Ruhe ein. Diesen Augenblick galt es zu nutzen. Gesagt getan, trotz heftiger zeitweiliger Rollbewegungen gelang das Manöver. Genugtuung auch für mich, da meine Stabilitätsrechnung sich als richtig erwies und trotz Getreideladung das Schiff keine Schlagseite bekam. Nun, mit der See leicht seitlich von vorn konnten wir den Sturm abwettern. Nach gut einem Tag hatte sich das Wetter soweit beruhigt, so dass wir wieder auf Heimatkurs gehen konnten. Solche Manöver, ebenso wie das Fahren in der Nähe eines Taifuns oder im Eis, brennen sich für immer im Gedächtnis ein, wenn sie selbst einmal erlebt worden sind. Sehr wertvolle Erfahrungen für jeden, der das Ziel hat einmal Kapitän zu werden.

Die Heimreise verlief ohne weitere Zwischenfälle. Der Kapitän bekam die Ordner, Rostock als Löschhafen anzulaufen. Im Überseehafen war eine neue Pier zum Umschlag von Getreide geschaffen worden, welche wir mit unserem Anlauf einweihen sollten. Getreidesilos waren gebaut und die Pier mit der entsprechenden Umschlagtechnik ausgerüstet worden. Damit konnte an dieser Pier Getreide gelöscht beziehungsweise geladen werden, da inzwischen begonnen worden war, Weizen, Raps und Gerste zu exportieren. Diese Möglichkeit bestand auch für größere Schiffe, da die Wassertiefe genügend ausgebaggert worden war.

Als wir an der Pier festmachten, erwartete uns eine Menschenmenge, darunter die Presse, um dieses Ereignis zu würdigen. Für mich ging eine interessante Reise zu Ende, die mir neue Erfahrungen und Erkenntnisse verschafften, welche Eingang in mein Notizbuch fanden. Im Anschluss sollte eine Reise nach Murmansk folgen, um eine Ladung Apatit zu holen. Jahre war ich von diesem Übel verschont geblieben, da wir mit der „ZWICKAU“ immer Eisenerzkonzentrat von Murmansk geholt hatten. Nun erwischte es mich also doch noch.

* * *

Arbeit in der Inspektion, Reserveoffizierslehrgang, Probleme bei der Rückkehr an Bord

Aus familiären Gründen nahm ich mit Beginn 1982 eine Arbeit in der Inspektion des Flottenbereichs Spezialschifffahrt auf. Dort arbeitete ich in der Abteilung, welche verantwortlich war für den Arbeitsschutz und Brandschutz auf den Schiffen des Flottenbereiches. Selbstverständlich wurde ich sofort in die gesellschaftliche Arbeit (Partei, Gewerkschaft) integriert. Es wurde von allen Genossen der Inspektion erwartet, dass sie Mitglied der Kampfgruppen der Arbeiterklasse werden, was nicht nach meinem Geschmack war. Deshalb ließ ich mich in die Zivilverteidigung der DSR eingliedern, zumal alle meine Kollegen aus meiner Abteilung auch dort waren. Sie bildeten den sogenannten Chemie-Aufklärungstrupp der DSR. So wurde ich also Mitglied dieses Trupps und brauchte nicht zu den Kampfgruppen. Die Reederei delegierte im Jahr 1984 erstmalig Kapitäne und 1. Offiziere zu einem Reserveoffizierslehrgang. Dazu wurden von der Nautischen Inspektion die Kandidaten vorgeschlagen. Da ich schon 1. Offizier gewesen war schlug der verantwortliche Leiter der Zivilverteidigung mich vor. So kam es, dass ich mich zu den anderen Kollegen dazu gesellte, nur eben über diese Nebenschiene Zivilverteidigung. Alle Teilnehmer sollten nach Abschluss dann, sofern sie noch keinen Offiziersdienstgrad hatten, zum Leutnant zur See befördert werden. Alle, die schon über einen Reserveoffiziersdienstgrad verfügten, wurden in den nächsten Rang befördert. Bei mir sollte es etwas kompliziert werden, da ich wie schon erwähnt, als Soldat ohne Dienstgrad in die Reserve versetzt wurde. Den Verantwortlichen fiel dies wohl in letzter Minute ein, dass ich als einziger dann mit der Bändermütze eines einfachen Matrosen an der Offiziershochschule „Karl Liebknecht" in Stralsund, wo der Lehrgang durchgeführt werden sollte, herumlaufen müsste. Deshalb wurde ich ohne mein Zutun mit Einberufungsbefehl aus der Bewegung zum Meister der Volksmarine befördert. Es war schon kurios und nicht das Einzige, was erzählenswert wäre. Daher möchte ich noch etwas näher darauf eingehen. So kam ich zu diesem Lehrgang als frisch gebackener Meister der Volksmarine. Untergebracht wurden wir im Wohnheim der Offiziershochschule, das sich außerhalb des Dienstgeländes in der Nähe des Haupteingangstores befand. Ich erwähne es, denn es sollte noch Bedeutung erlangen. Zur Seite wurde uns ein Stabsoberfähnrich als Kompaniemutter gestellt, der sich fürsorglich um uns kümmerte. Uns wurde klargemacht, dass dies der erste diesbezüglich durchgeführte Reserveoffizierslehrgang war, mit dem Hinweis, dass in der Bundesrepublik Deutschland wohl schon über hundert solcher Lehrgänge durchgeführt wurden. Es wurde uns ein gewisser Respekt entgegengebracht, da wir alle gestandene Seeleute, also Kapitäne und 1. Offiziere waren. Zum Dienstbeginn hatten wir immer in geschlossener Formation von unserer Unterkunft durch das Eingangstor zu den Unterrichtsräumen zu marschieren. Eines Morgens beim Einmarsch begegneten wir dem zur gleichen Zeit ankommenden kommandierenden Vizeadmiral der Offiziershochschule. Diesem muss nun wohl sofort aufgefallen sein, dass unter uns doch einige Bartträger waren, ich unter anderem auch, was in der Armee der DDR nicht erlaubt war. Unser Leiter des Lehrganges erhielt sofort den Befehl dies abzustellen. Die Betroffenen hätten sofort den Bart abzunehmen. Dies rief unseren Protest hervor, da ja die Passbilder in den entsprechenden Seefahrtsbüchern und Pässen mit Bart waren. Ja was nun, da auch in unserer Volksarmee nicht sein darf was nicht sein sollte, wurden wir zum Arzt abkommandiert, natürlich nur der Papierform wegen, und dieser bescheinigte uns eine Bartflechte mit zeitweiligem Rasur-Verbot. So war der Vorschrift Genüge getan.

Eins möchte ich hier noch einflechten, in der Zeit unserer Anwesenheit fiel der Besuch von Erich Honecker in Stralsund, als er sich hier in Stralsund mit dem Ministerpräsidenten von Schweden, Olaf Palme, traf. Deshalb wohnte er während des Besuches hier im Objekt in der sogenannten Admiralsvilla. Wir bemerkten nur, dass sich vor seiner Ankunft alle Offiziersmessen, in denen wir unsere Mahlzeiten einnahmen, füllten. Sein Sicherheitspersonal war nämlich angereist. Zu sehen bekamen wir ihn nicht, nur aus dem Fenster, wenn seine Wagenkolonne vorbeifuhr.

Wir mussten hier im Schnelldurchgang das Pensum der Offiziersschüler absolvieren. Mitschreiben war nur in der sogenannten Verschlussmappe erlaubt, die nach Unterrichtsende eingesammelt wurde. Viel Wert wurde auf die Zusammenarbeit der Handelsmarine mit der Armee für den Ernstfall gelegt. Also Konvoi-Fahrten und Kommunikation. Zum Abschluss erfolgten auch hier die üblichen Prüfungen. Danach wurde ich zum Leutnant zur See befördert und sollte somit nun auch einen richtigen Reservedienstgrad besitzen.

Nach einigen Monaten im neuen Job stellte ich fest, dass dies doch nicht so das Richtige für mich war mit der Landanstellung. Nach Rücksprache mit meiner Frau stellte ich einen Antrag und wollte mich wieder in die Flotte versetzten lassen. Als ich nun mein Seefahrtsbuch wieder haben wollte, wurde mir mitgeteilt, dass mein Sichtvermerk gestrichen war. Wieso, warum? Ich hatte mir nichts vorzuwerfen, außer das ich bei einigen Dingen Nein gesagt hatte, die nicht mit meinem Gewissen zu vereinbaren waren und auch nicht meinem Charakter entsprachen. Es folgte ein Kampf, der fast zwei Jahre dauern sollte, bis ich mein Seefahrtsbuch zurück erhielt. So schrieb ich Eingaben an den Generaldirektor der DSR und an den 1. Sekretär der SED Kreisleitung Seeverkehr und Hafenwirtschaft, immer mit der Frage, warum wurde mir der Sichtvermerk entzogen. Schließlich war ich immer noch Genosse, inzwischen auch Mitglied der APO-Leitung (Abteilungsparteiorganisation) in meinem Flottenbereich und arbeitete weiterhin in der Inspektion der Reederei. Beide Herren waren selbst verwundert und konnten (oder wollten) mir dies nicht erklären. Überraschenderweise erhielt ich dann aber Ende 1983 die Information, dass ich mir mein Seefahrtsbuch wieder abholen könne. Mit Beginn des Jahres 1984 war somit ein Einsatz in der Flotte wieder möglich. Mit einem Unterschied, ich musste ab sofort erneut als diensttuender Dritter oder Zweiter Offizier zur See fahren. Das war eindeutig eine Degradierung. Ich hatte keine Wahl und musste dies akzeptieren, so ich denn weiter zur See fahren wollte. Meine Kollegen waren erstaunt und fragten danach: „Was ist mit dir los, du warst doch schon 1. Offizier.“ Ich begründete die Tatsache immer mit der langen Bearbeitungsdauer für die Bestätigungsverfahren. Auffallend war auch, dass meine Kammer vor dem Auslaufen jedes Mal sehr gründlich durchsucht wurde. Jeder folgende Antrag auf Mitreise meiner Frau wurde abgelehnt, Nachfragen warum zwecklos. Man traute mir wohl nicht mehr. Die erneute Beförderung zum 1. Offizier erfolgte erst im Jahre 1987, trotz ständiger sehr guter fachlicher Leistungen und Beurteilungen. Mein Inspektor sagte immer, ich hätte zu viele schwarze Punkte in meiner Kaderakte. Mir schwante schon damals, dass ich die Beförderung zum Kapitän wohl nie erreichen würde. Und ich sollte Recht behalten.

Nach der Wende traf ich meinen ehemaligen Nautischen Inspektor zufällig bei einem Kaufhausbesuch in Rostock wieder. Dieser erzählte mir nun, dass ich bis zum Zusammenbruch der DDR immer wieder auf der Liste der Beförderungen zum Kapitän ganz oben stand, aber sofort als einer der ersten von Seiten der Sicherheitsorgane von der Liste gestrichen wurde, mit der Bemerkung, den könnt ihr vergessen. Mit der Rückkehr in die Flotte versuchte ich jetzt meine politischen und gesellschaftlichen Aktivitäten auf Nebenschauplätze zu beschränken, wie Vorsitzender der Deutsch-Sowjetischen-Freundschaft oder Vorsitzender des Reservistenkollektivs.

Mein Vertrauen und Glaube an diesen Staat hatte große Risse bekommen, und ich begann vieles mit anderen Augen zu sehen und zu hinterfragen. Dies fiel mir umso leichter, da ich in den Jahren, die ich dann als Erster Offizier fuhr, kein Stammschiff mehr hatte und so von einem Schiff zum anderen wechselte. Spätestens Anfang 1989 wurde mir klar, nachdem einige Kollegen aus meinem Studienjahr oder Jüngere schon zum Kapitän befördert wurden, du hast hier in der Reederei keine Zukunft. Mein Ziel und Kindheitstraum Kapitän zu werden war in weite Entfernung gerückt. Da zu der Zeit beim Seefahrtsamt der DDR ein Dienstposten frei war, bewarb ich mich darum. Meinen letzten Einsatz als 1. Offizier fuhr ich auf dem Massengutfrachter „APOLDA" im August 1989. Danach musterte ich ab und mein Flottenbereich schickte mich noch im Herbst auf einen mehrwöchigen Fortbildungslehrgang an die IHS Warnemünde / Wustrow, wie immer bei Lehrgängen, bei voller Bezahlung ohne Urlaubsabzug. Auf diesen Lehrgängen wurden die Kapitäne, Erste Offiziere und Leitende Ingenieure mit den Neuheiten der letzten Jahre auf dem Gebiet der Seefahrt vertraut gemacht. Ihr Wissen erhielt sozusagen, wie man heute sagt, ein Update. Hier auf diesem Lehrgang sollten wir dann auch die Wende in der DDR erleben.

* * *

Die Wende – Ende der DDR

Die Wende sollte ich während des Fortbildungslehrganges an der IHS für Seefahrt Warnemünde / Wustrow erleben, wie schon kurz erwähnt. Die Ereignisse entwickelten sich in einer Schnelligkeit, die überwältigend war. Endlos diskutieren wir in den Pausen. Es sollte eine aufregende Zeit werden. Eigentlich verwunderte mich diese Eskalation nicht. Die Zeitungen berichteten immer von überfüllten Plänen, aber in den Geschäften kam für die Bevölkerung nichts davon an. Nach einem vermeintlichen Aufschwung Anfang der siebziger Jahre ging es mit der Wirtschaft mit Ende der 1970er Jahre und insbesondere in den 1980er Jahren nur noch bergab. Das merkte zwar die Bevölkerung, aber nicht die vergreiste Partei- und Staatsführung. Sie war nicht in der Lage, die Realität wahrzunehmen oder sie wollte sie nicht wahrhaben. Die Menschen hatten einfach die Nase voll von den ewigen parteipolitischen Parolen und Phrasendreschereien. Bezeichnend war, dass die Menschen am Anfang der Wende eine andere DDR wollten. Mehr Mitbestimmung, keine Alleinmacht und Bevormundung mehr von der SED sowie freie Wahlen. Dafür ging die große Mehrheit des Volkes auf die Straße. Eigentlich waren diese friedlichen Demonstrationen anfangs ohne eine zentrale politische Führung. Im weiteren Verlauf setzten sich die von Bürgerrechtler neu gegründeten Bewegungen und Parteien an die Spitze der Bewegung. Der Gedanke von einer Wiedervereinigung kam erst später. Heute vernachlässigt man gerne diese Tatsache, so dass der Eindruck entsteht, dass unsere Bürgerrechtler mit ihren Protesten der Auslöser dieser friedlichen Revolution waren. Interessanterweise zeigte sich zugleich auch die Hilflosigkeit unserer noch vorhandenen Partei- und Staatführung. Es wurde sichtbar, wie weit sich die Staats- und Parteiführung doch von ihrem eigenen Volk entfernt hatte. Mein Glaube an diesen Staat war zu diesem

Zeitpunkt schon schwer erschüttert. Trotzdem, ich war ja in diesem Staat aufgewachsen, zumindest meine Generation war in diesem Staat geboren und groß geworden. Deshalb war es für mich ein langwieriger Prozess, mir einzugestehen, dass der Gedanke an einen sozialistischen Staat Utopie war und in der Realität, so wie praktiziert, nicht funktionieren konnte. Die jetzt zu Tage gekommenen Enthüllungen, die schweren Verfehlungen, das Unrecht, was anders denkenden Menschen angetan worden war, dies alles trug dazu bei, dass auch ich mich von diesen Idealen verabschiedete und im Dezember 1989 mein Parteibuch zurück gab und aus der SED austrat. Der Lehrgang an der IHS Warnemünde / Wustrow war meine letzte Tätigkeit als Angehöriger der DSR Rostock. Nach Bestätigung meiner Anstellung beim noch existierenden Seefahrtsamt der DDR kündigte ich zum 31. Dezember 1989 bei der Deutschen Seereederei. Mit dem ersten Arbeitstag des Jahres 1990 begann also meine Tätigkeit beim Seefahrtsamt der DDR.

Sie sollte bis zur Abwicklung des Seefahrtsamtes im Rahmen der Wiedervereinigung mit der Bundesrepublik Deutschland dauern. Angestellt wurde ich als Oberinspektor des Seefahrtsamtes in deren Abteilung Sicherheit. Oh, welch anrüchige Bezeichnung. Dabei hatte diese Abteilung mit der Erteilung eines Sichtvermerkes für das Seefahrtsbuch überhaupt nichts zu tun. Das Seefahrtsamt gab nur die Seefahrtsbücher aus. Unsere Abteilung war verantwortlich für die richtige Besetzung der Schiffe und stellte dafür das Schiffbesetzungszeugnis aus, des Weiteren die dazu benötigten Befähigungsnachweise für die nautischen und technischen Offiziere, folgerichtig verantwortlich für die Ausbildungsstandards der einzelnen Bordpositionen. Wir sollten in den Wendejahren oft Besuch bekommen von aufgebrachten Bürgern, denen das Seefahrtsbuch entzogen worden war, mit der Annahme, dass das Seefahrtsamt daran Schuld oder eben beteiligt war. Die friedlich verlaufende Revolution hatte sich nun so entwickelt, dass alles auf eine Wiedervereinigung hinauslief. Es sollten die ersten freien Wahlen in der DDR stattfinden. Bei diesen Wahlen war auch ich für eine Wende. Die neu gewählte Volkskammer der DDR stimmte dann dem Beitritt zur Bundesrepublik Deutschland zu. So waren wir sozusagen über Nacht Bürger der Bundesrepublik Deutschland geworden. Es war schon ein Trauma, nun von unserer vorherigen sozialistischen

Lebensweise in eine andere Gesellschaftsordnung zu wechseln. Es war ein Wechsel ohne Vorbereitung und ohne Sicherheitsnetz.

* * *

Probleme nach der Wende

Mir war schon bewusst, was jetzt auf die ehemaligen DDR-Bürger zukommen würde, also auch auf mich und meine Familie. Durch die Seefahrt hatte ich ja viele der sogenannten kapitalistischen Länder auf verschiedenen Kontinenten kennengelernt, dort Lebensverhältnisse gesehen, die dem Bild, das wir vom Kapitalismus gelehrt bekamen, entsprach. Besonders das erschreckende Gefälle zwischen Arm und Reich, die fehlenden Bildungsmöglichkeiten und gesundheitliche Betreuung für alle hatten mich immer sehr berührt. Alles kein Problem, so denn du zu den Gewinnern zählst. Vor allem die Gleichgültigkeit der Menschen gegenüber hungernden, bettelnden, teilweise in Slums lebenden Menschen machte sprachlos. Nun, wir mussten uns nach der Wende auch an den Anblick von Obdachlosen und Bettlern gewöhnen, eine Errungenschaft auf die wohl jeder von uns verzichtet hätte. Nach Durchführung der Währungsunion, als sich herausstellte, dass viele ehemalige DDR-Betriebe nicht überlebensfähig waren, oder man wollte nicht dass sie überlebten, bekamen wir die ersten Auswirkungen zu spüren. Über die Treuhand wurden alle Ex-DDR-Betriebe abgewickelt. Da die Wirtschaft in der der damaligen BRD Ende der 1980er Jahre stagnierte, war man natürlich an eine verbleibende Konkurrenz durch Betriebe aus der Ex-DDR nicht interessiert. In kürzester Zeit wurden tausende Betriebe abgewickelt. Diese Situation öffnete Tür und Tor für Glücksritter aller Art. So war es möglich, dass Betriebe für eine D-Mark den Besitzer wechselten oder dass der Kaufpreis dann mit dem vorhandenen Barvermögen des gekauften Betriebs bezahlt wurde. Dazu wurden immer vollmundige große Versprechungen gemacht, Garantien für den Erhalt von Arbeitsplätzen, geplante Investitionen etc. Vorrangig wurde das noch vorhandene Barvermögen der Betrieb abgeschöpft und möglichst nach dem Ausland verschoben. Alles was einigermaßen wertvoll war (Immobilien, Maschinen etc.) wurde ebenfalls verkauft. Letztendlich wurde Insolvenz angemeldet und alle hoffnungsvoll verbliebenen Belegschaften mussten den Gang in die Arbeitslosigkeit antreten. Viele der ehemals so bekannten Betriebe, die auch für den Export produzierten, deren Produkte der Bundesbürger z. B. bei Quelle oder Neckermann kauften, verschwanden somit von der Landkarte. Ex-DDR-Bürger hatten so gut wie keine Chance, da sie nicht kreditwürdig waren. So denn es doch möglich war, mussten sie sich meist hoch verschulden, da sie den damaligen Wert der Betriebes / Immobilie bezahlen mussten im Gegensatz zu ihren Mitbewerbern aus der alten Bundesrepublik. Zudem erhielten sie selten Fördermittel oder Investitionszuschüsse, was ihren Start erheblich benachteiligte. Erstaunlich für mich war, dass unsere nun rechtmäßig gewählten neuen Volksvertreter dabei zusahen. Keiner stellte sich diesem Ausverkauf der ehemaligen DDR-Wirtschaft entgegen, um wenigsten die Betriebe und Arbeitsplätze zu retten, wo eine Sanierung sinnvoll und erfolgversprechend gewesen wäre. Als ein positives Beispiel wäre hier der Übergang des ehemaligen Kombinats Carl Zeiss Jena in die Marktwirtschaft zu nennen. So wurden viele arbeitslos, ein Umstand auf dem der Ex-DDR-Bürger nicht vorbereitet war. Vor allem traf es verstärkt jene, die eigentlich in den ersten Reihen demonstriert und lautstark die Wiedervereinigung und die D-Mark gefordert hatten, die einfachen Arbeiter. Davon stark betroffen, die älteren Jahrgänge. Verwundert mussten alle feststellen, dass jetzt der Nachbar, Freund oder Bekannte ein Konkurrent bei der Suche nach einem Arbeitsplatz war. Jetzt kam zum Tragen, wer in der DDR eine ausgezeichnete Ausbildung bekommen oder sogar ein Studium abgeschlossen hatte, war hochqualifiziert und ging mit sehr guten Chancen auf dem Arbeitsmarkt. Vergessen wurde schnell, dass für ein Studium oder zum Beispiel eine Promotion als Voraussetzung doch eine gehörige Portion Staatsnähe verlangt worden war. Alle höheren Positionen in den neu geschaffenen Landesministerien, Verwaltungen oder Schlüsselpositionen in der Wirtschaft wurden mit Personen aus der alten Bundesrepublik besetzt. Für viele eröffneten sich ungeahnte Möglichkeiten, Karriere zu machen, sie erreichten hier Positionen, wofür sie sonst Jahrzehnte gebraucht hätten, wenn überhaupt erreicht. Den ex-Bürgern der DDR sprach man einfach die für die gehobenen Stellungen erforderliche Voraussetzungen und Qualifikationen ab. Besonders einfach war es, sie wegen großer Staatsnähe und im besten Falle wegen Verwicklungen mit dem MfS auszusortieren. Es begannen groß angelegte mit Milliarden geförderte Umschulungen, um die Menschen mit neuen Berufen in Arbeit und Brot zu bringen. Das

Resultat war gleich Null, da es ja noch keine neuen Betriebe auf dem Gebiet der ex DDR gab. Nur die Umschulungsinstitute verdienten sich eine goldene Nase. Wichtiger Nebeneffekt, dass diese Menschen dadurch aus der Arbeitslosenstatistik herausfielen und somit diese Zahlen geschönt wurden. Dass auch gutbezahlte freie Stellen in den alten Bundesländern rar waren mussten jene feststellen, die gleich nach der Wende in ihr Traumland zogen. Wer aus dem Osten kam, dem wurde erst einmal unterstellt, dass er nichts kann und nie arbeiten gelernt hatte. Ansonsten wäre ja die DDR nicht untergegangen und Pleite gewesen. Also wurden viele nicht nach geltenden Tariflöhnen eingestellt. Dass der Kampf um gleiche Löhne für gleiche Arbeit auch heute noch ein Thema ist, hätte sich wohl damals keiner vorstellen können. Erste langsam dämmernde Erkenntnis war, gerade in der Bundesrepublik musste jeder hart arbeiten, so er denn am Wohlstand teilhaben wollte. Unsere DDR-Bürger kannten nur das vermittelte Bilder aus Funk und Fernsehen, welches eine Traumwelt für alle zeigte in der es keine Probleme gab.

Die Lebensumstände der ehemaligen DDR-Bürger änderten sich mit der Wende drastisch. Nach der Mangelwirtschaft waren wir nun von einem überwältigten Angebot umgeben. Mir ist bis heute unverständlich, warum wir zu DDR-Zeiten nicht in der Lage waren, ein solches Angebot in unseren Kaufhallen zu verwirklichen. Nehmen wir nur das Angebot an Obst und Gemüse. Klammern wir dabei mal die Südfrüchte aus, die ja auf Devisenbasis gekauft werden mussten. Tomaten, Gurken, Blumenkohl und andere einheimische Gemüse- und Obstarten hätten keine Mangelware sein müssen. Auch das Angebot an Konsumgütern aller Art hätte besser sein können, wenn die durchaus qualitativ hochwertigen Eigenprodukte nicht billig wegen Devisen verschleudert worden wären. Jeder stürzte sich nun auf die lange nur im Westfernsehen angeschauten Werbeprodukte. Bezahlung kein Problem, es wurde mit jeder Art von Krediten gelockt, wie wir es aus der DDR-Zeit nicht kannten. Die Gefahr sich zu überschulden war groß. Jeder musste lernen, für sich und seine Familie eine Linie zu finden, die dem Einkommen entsprach. Es machte keinen Sinn über seine Möglichkeiten leben zu wollen, ansonsten stand der Pfänder sehr schnell vor der Tür. Es bildete sich zunehmend eine Kluft in der Bevölkerung. Neid und Missgunst machte die Runde. Die einen, die weiter ihren Beruf ausüben konnten oder sogar Karriere machten, inzwischen vergessen auf Grund ihrer sehr guten Ausbildung, welche sie in der DDR bekommen hatten, waren natürlich die Gewinner der Wende. Nach und nach kam die Erleuchtung, wir waren und sind in einer Ich-, Ellbogen- und Konsumgesellschaft gelandet, wo keiner auf den anderen mehr Rücksicht nahm und nimmt. Vergessen war der Zusammenhalt, der teilweise früher vorhanden war. Familien und Freundschaften gingen auseinander. Zu DDR-Zeiten stark gepflegte Kontakte zur Verwandtschaft aus dem Westen gingen in die Brüche, da man auf einmal völlig gegensätzlich Standpunkte hatte. Auch über politische Themen konnte man sich nicht mehr unterhalten, da man keinen gemeinsamen Nenner mehr fand. „Ihr mit eurem Polizei- / Unrechtstaat! Wieso sollen wir Soli bezahlen? Wieso sollen die Ossis die gleiche Rente bekommen?“ Die Bundesbürger erwarteten Dankbarkeit und der Ex-DDR-Bürger, vermisste die Anerkennung seiner bisherigen Lebensleistung. Leider auch heute noch viel diskutierte Themen. Es zeigte sich, dass vierzig Jahre unterschiedliche Lebensweise und Ansichten nicht von heute auf morgen anzugleichen sind.

Die wenigsten Probleme damit hatte die junge Generation. Erstaunlich aber war auch, welches Potential im ehemaligen DDR-Bürger schlummerte. Nicht nur, dass die gut ausgebildeten Facharbeiter und Akademiker hoch willkommen waren in der bundesdeutschen Wirtschaft. Es entwickelte sich auch wieder nach und nach das, was unser Staat abgeschafft hatte beziehungsweise kleingehalten wurde, nämlich private Handwerksbetriebe, Produktionsbetriebe, Forschungsinstitute etc. Es entstand wieder eine breite Mittelschicht, der es sehr gut geht. Ein Nachteil, der bis heute festzustellen ist, alle Großkonzerne verblieben weiterhin im Westen der Republik. So gibt es immer noch Regionen in Ostdeutschland die völlig vergessen wurden, trotz jahrzehntelangem Aufbau Ost. Der Gerechtigkeit halber muss aber gesagt werden, dass es inzwischen auch in den alten Bundesländern Gebiete gibt, die benachteiligt sind und Hilfe und Unterstützung benötigen. Deshalb wird in der heutigen Zeit überlegt, wie der Gedanke des Soli unabhängig von Ost und West angewendet werden könnte.

* * *

Das Seefahrtsamt kam nun unter die Verwaltung der Wasser- und Schifffahrtsdirektion Nord mit Sitz in Kiel. Die Oberhoheit hatte das Bundesverkehrsministerium in Bonn. Als erstes mussten alle Angestellten vorbereitete Fragebögen ausfüllen, mit zusätzlicher Anlage wo nach Verbindungen zum Ministerium für Staatssicherheit gefragt wurde. Diesen Fragebogen beantwortete ich wahrheitsgemäß. Es erstaunte schon, dass ausgerechnet diese Frage bei vielen Bundesbürgern im Vordergrund stand, auch heute noch. Verständnis dafür wäre da, wenn nach der Gründung der Bundesrepublik Deutschland mit dem gleichen Eifer und der Verbissenheit damals nach Gestapo, SS oder SD-Verbindungen gefragt worden wäre und so eine ehrliche Aufarbeitung der Vergangenheit stattgefunden hätte. Aber bekanntermaßen erfolgte dies nicht in dem erforderlichen Umfang, der notwendig gewesen wäre. So konnten ehemalige SS-Offiziere, Gestapo-Offiziere und deren Helfer sowie Nazi-Richter fast ohne Unterbrechung ihre Karriere nun in der Bundesrepublik fortsetzen. Erst heute nach über siebzig Jahren nach Kriegsende, wird versucht, über neunzigjährige Kriegsverbrecher rechtmäßig zu verurteilen, obwohl ihre Taten jahrzehntelang bekannt waren. Das ist in meinen Augen an Scheinheiligkeit nicht zu übertreffen, da die eigentlichen Haupttäter ja inzwischen verstorben sind (Gott sei Dank). Wenig Verständnis habe ich gegenüber Bundesbürgern, die obwohl sie teilweise nie in der DDR waren, deren Lebensverhältnisse nicht kannten, sich aber anmaßten, über ehemalige DDR-Bürger ein Urteil zu fällen. So fragten sich viele DDR-Bürger zumindest später, habe ich überhaupt von 1949 bis 1989 gelebt, weil ihre bisherige Lebensleistung nichts wert war und nicht anerkannt wurde. Ein schwerwiegender Fehler mit Auswirkungen bis in die heutige Zeit in Bezug auf das Zusammenwachsen von Ost und West.

Das Seefahrtsamt sollte nun aufgelöst werden, und die Aufgaben wurden von den in der Bundesrepublik zuständigen Behörden übernommen, die nun auch auf dem Gebiet der Ex-DDR aufgebaut werden sollten. Alle Mitarbeiter erhielten befristete Arbeitsverträge, die vierteljährlich verlängert wurden. Geplant war, die Mitarbeiter, soweit verwendbar, auf diese neuen Institutionen zu verteilen. Dies waren unter anderem vor allem das Bundesverkehrsministerium mit deren entsprechenden Abteilungen, die Wasser- und Schifffahrtsdirektionen, Schifffahrtsämter, Seemannsämter und Wasserschutzpolizei. So wurde ich später dem neugeschaffenen Wasser- und Schifffahrtsamt Stralsund zugeordnet. Aufgabe war unter anderem die Neuordnung der Küstengewässer / Seegrenzen und der Umtausch der DDR-Befähigungszeugnisse. Meine Abteilung wurde beauftragt den Umtausch der ehemaligen DDR-Befähigungszeugnisse vorzubereiten. Dazu musste erst einmal ermittelt werden, welche Befähigungszeugnisse in der BRD existierten, deren Befugnisse und Ausbildungskriterien, um sie dann mit den unseren zu vergleichen. Daraus entstand eine Tabelle, nach der das jeweilige DDR-Patent / Befähigungszeugnis gegen das dafür entsprechende Patent / Befähigungszeugnis der Bundesrepublik Deutschland eingetauscht werden sollte. Diese Tabelle wurde später Grundlage für den Umtausch der DDR-Patente / Befähigungszeugnisse nach dem sie nach mehreren Korrekturen vom Bundesministerium für Verkehr bestätigt wurde.

* * *

Wasserschutzpolizei Mecklenburg-Vorpommern

Im Laufe der Abwicklung des Seefahrtsamtes trat die neu gegründete Wasserschutzpolizeidirektion von Mecklenburg-Vorpommern an das Wasser- und Schifffahrtsamt Stralsund heran und fragte nach Mitarbeitern, die eventuell beim Neuaufbau der zu gründenden Wasserschutzpolizei helfen könnten. Es wurden geeignete Mitarbeiter für ihre hinzugekommenen Abteilungen Gefahrgut, Umweltschutz und der operativen Abteilung (welche die anstehenden seerechtlichen Fragen, zukünftig geltende Patente / Befähigungsnachweise zu bearbeiteten hatte) gesucht. Nach Vorgesprächen wurden einige Mitarbeiter des Schifffahrtsamtes zeitweilig zur Wasserschutzpolizeidirektion abgeordnet. Sie sollten entsprechend ihrem bisherigen Aufgabengebiet und Kenntnissen nun beim Aufbau der dieser Abteilungen der Wasserschutzpolizei helfen. Zu den dafür ausgewählten Kollegen gehörte auch ich. Während meine Kollegen in den Abteilungen Gefahrgut und Umwelt ihre Arbeit aufnahmen, wurde ich der Operativen Abteilung angegliedert. Da keiner eine Ausbildung im Polizeidienst hatte, delegierte man uns zunächst zu einem Lehrgang nach Bredtsted in Schleswig Holstein, um erst einmal Grundkenntnisse in der Polizeiarbeit kennen zu lernen. Danach nahmen wir unsere Arbeit auf. Schnell arbeitete ich mich in mein neues Aufgabengebiet ein, ich hatte mich ja schon im Rahmen der Abwicklung des Seefahrtsamtes mit dem bevorstehenden Umtausch der Ex-DDR-Befähigungszeugnisse / Patente sowie der Problematik Küsten- / Seegewässer befasst. So konnte ich mit fundierten Kenntnissen auf diesem Gebiet aufwarten. Meine Arbeit wurde durchaus anerkannt und geschätzt. Da eine gute Arbeit von allen geleistet wurde, war eine Übernahme in den Polizeidienst geplant. Dies gestaltete sich aber schwierig, da das geltende Beamtengesetz eine Übernahme in den Beamtenstatus ohne vorherige Polizeiausbildung nicht vorsah, deshalb dauerte es, bis man für dieses Problem eine Lösung fand.

In den Vorstellungsgesprächen wurde natürlich auch hier nach einer Verbindung zum MfS gefragt. Wieder gab ich wahrheitsgemäß an, dass es in meinen Fall eine kurzzeitige Verbindung gegeben hatte. Diese Tatsache wurde nun zunehmend für mich bezüglich einer möglichen Übernahme in den Polizeidienst zum Problem. Wie ich schon erwähnte nahm sowohl die SED-Kreisleitung Seeverkehr und Hafenwirtschaft als auch das MfS wesentlichen Einfluss auf die Auswahl der Kandidaten für eine Beförderung zum Kapitän. So nehme ich an, dass die Gespräche, die Vertreter des MfS mit mir im Vorfeld Ende 1980 führten, dazu gehörten. Es wurde die aktuell politische Situation und die Notwendigkeit der Erhöhung der Ordnung und Sicherheit an Bord erörtert. Eine Zusammenarbeit diesbezüglich wurde wahrscheinlich vorausgesetzt und erwartet. Hierzu wurden besonders Personen, die in leitenden Positionen in der Wirtschaft und Verwaltung tätig waren, ausgewählt. Die dann als sogenannte Gesellschaftliche Mitarbeiter Sicherheit (GMS) vom MfS geführt wurden. Zu diesem Personenkreis zählten natürlich / wahrscheinlich auch zukünftige Kapitäne. Auf keinen Fall möchte ich dies verallgemeinert wissen, dass der Eindruck entsteht, dass eine Zusammenarbeit mit dem MfS Voraussetzung war, um Kapitän zu werden. Ich kann es nicht beurteilen, da ich zu DDR-Zeiten nicht zum Kapitän befördert wurde. Jeder musste selbst entscheiden, wie er sich in dieser Situation verhielt. Vorrangig ging es um die Aufgabenstellung, Einhaltung von Ordnung und Sicherheit an Bord. Heute findet man einige dieser Aufgaben im internationalen ISPS Code (Internationaler Code für Gefahrenabwehr auf Schiffen und in Hafenanlagen) wieder. Es sprach eigentlich nach meiner damaligen Auffassung und Einstellung zum Staat nichts gegen diese Aufgabenstellung. Bis 1980 war für diese Zusammenarbeit keine Registrierung und Verpflichtung vorgesehen. Als ich meine Tätigkeit in der Inspektion des Flottenbereiches Spezialschifffahrt im Januar 1982 aufnahm, verweigerte ich eine nun in Richtung IM-Tätigkeit geforderte Zusammenarbeit. Sie widersprach völlig meinem Charakter und war mit meinem Gewissen nicht vereinbar. Jeglicher Kontakt mit dem MfS wurde daraufhin von meiner Seite beendet. Diese kurzeitigen Kontakte wurden nun zehn Jahre später zum Problem. Nach Einsicht in meiner Akte weiß ich heute, dass die damalige Weigerung mir meinen Sichtvermerk kostete, mit all den schon beschriebenen daraus folgenden Konsequenzen.

Ich musste eine Entscheidung treffen, weiter auf Übernahme warten, da ich ja schon einen zeitweiligen Arbeitsvertrag bekommen hatte, oder mir eine Reederei suchen, um wieder zur See zu fahren.

Kurz entschlossen kündigte ich zum 31. Dezember 1991 bei Wasserschutzpolizei, um in der Seefahrt einen neuen Anfang zu starten, da es weiterhin mein Wunsch war, eines Tages Kapitän zu werden. Nach meiner Kündigung bei der Wasserschutzpolizeidirektion habe ich meine Frau und meine Kinder über meine Beweggründe informiert.

* * *

Wieder Seemann

Nach diesem erneuten Rückschlag musste ich im Prinzip gänzlich von vorn beginnen. Letztendlich musste ich, wie jeder andere auch zu damaliger Zeit einen Weg finden, um nun als Bundesbürger meine Familie ernähren zu können. Eines meiner Lebensmaxime heißt, wer nicht kämpft hat schon verloren, soll heißen, wenn du fällst, versuch wieder aufzustehen. Ich hatte mir nichts zuschulden kommen lassen. Den begangenen Fehler hatte ich rechtzeitig korrigiert, mit all seinen Konsequenzen bezüglich beruflicher Karriere und Familie. Also suchte ich mir einen neuen Arbeitsplatz. Bei dieser Suche kam ich auch an der neuen Seemannsmission im Rostocker Hafen vorbei. Der Zufall wollte es, dass ich den dortigen Seemannspastor kannte. Während des Lehrganges in Bredstedt waren wir auch einige Tage auf der Wasserschutzpolizeistation in Brunsbüttel, um dort den Dienstbetrieb einer Wasserschutzpolizeistation kennenzulernen. Untergebracht waren wir die Tage in der dortigen Seemannsmission, der er vorstand. Ihn fragte ich, ob er nicht Reedereien kennt, die Leute suchten. Er gab mir einige Reedereiadressen und unter anderem auch den Tipp, ich sollte doch mal im Haus der Schifffahrt vorbeigehen, dort hätte eine alte mittelständige Reederei aus Hamburg mit sehr gutem Ruf ein Büro eröffnet. Da in Rostock, wollte ich hier meine Suche beginnen. Als ich dann dort im Office ankam, öffnete mir überraschenderweise eine Kollegin die Tür, die in unserem Flottenbereich als Arbeitskräftelenkerin, heute nennt man dies Crewsuperintendent, tätig gewesen war. Sie hatte dort schon ihren neuen Arbeitsplatz gefunden. Sofort fühlte ich mich etwas heimisch. Das Gespräch mit dem verantwortlichen Crewmanager verlief positiv, da gerade dringend ein 2. Offizier gebraucht wurde. Dieses Angebot nahm ich an und unterschrieb einen Arbeitsvertrag, einen sogenannten Zeitvertrag, für 4-5 Monate. Der Heuervertrag beinhaltete die Dienstaufnahme als Zweiter Offizier mit einem Verdienst von 80% gemäß des zu der Zeit geltenden Tarifvertrages. Wichtig für mich war, dass ich wieder auf einem Schiff unter deutscher Flagge fahren konnte. Dies bedeutete keine Festeinstellung, ich musste mich also erst bewähren, um eventuell eine Festeinstellung zu bekommen. Diese damalige Entscheidung habe ich bis heute nicht bereut und war bis zum Ausscheiden aus der Seefahrt und später in meiner Landtätigkeit dort beschäftigt. Gemäß dem Heuerschein sollte ich am 7. Januar 1992 im Europahafen des Hamburger Hafens auf einem ihrer Containerfrachter aufsteigen. Mir verblieb nur das Weihnachtsfest und Neujahr um mich in diese neue Situation hineinzuversetzen und letztendlich wieder Abschied von meiner Familie zu nehmen und erneut das Leben eines Seemannes aufzunehmen.

Meiner Frau und mir fiel diesmal der Abschied doch sichtlich schwer. Ich war ja immerhin zwei Jahre an Land gewesen. So setzte ich mich also mit meinen gepackten Koffern und all den Zweifeln bezüglich meiner Entscheidung in Richtung Hamburg in Bewegung. Nie hätte ich es früher für möglich gehalten, einmal unter bundesdeutscher Flagge zur See zu fahren. Das Wetter in Hamburg war entsprechend, als ich dort ankam, es drückte meine Stimmung aus, kalt, windig dazu Nieselregen ein richtiges Hamburger Schietwetter.

Hier begann nun die letzte Etappe meiner Seefahrtzeit, um

eventuell doch noch meinen Kindheitstraum, Kapitän zu werden zu verwirklichen.

- 2 -

Unterschrift des Inhabers

Es wird bescheinigt, daß der Inhaber die durch das obenstehende Lichtbild dargestellte Person ist und die darunter befindliche Unterschrift eigenhändig vollzogen hat.

Hamburg, den 07. Jan 92

Das Seemannsamt

111118

- 3 -

Personenbeschreibung

Name: FREIWALD

Vornamen: Knut
(Rufname unterstreichen)

Geburtsdatum: 17. Mär 1950

Geburtsort: Schlieben

Anschrift: ~~Eichenallee 7~~ ~~2551 Gelbensande~~ Grüner Weg 15; 23966 Rambow
amtlich geändert

Staatsangehörigkeit: deutsch

Augenfarbe: blaugrau Größe: [illegible] cm

Besondere Kennzeichen:

Seediensttauglichkeit: siehe Seediensttauglichkeitszeugnis

Familienangehörige oder Personen, die eventuell zu benachrichtigen sind:
Adeltraut F. w.o.

111118

Es war also Anfang Januar 1992. Da das Schiff noch im Anlauf war, musste ich noch warten, bis es festmachte. Ich sollte einen polnischen Zweiten Offizier ablösen, den seine Frau abholte. Mit ihr hatte ich unbekannterweise in der Kantine am Eurokai gewartet. Während meiner Seefahrtzeit war ich noch nie auf einem Containerschiff gefahren, also wie man so schön sagt, es war Neuland für mich. Gewöhnt war ich die Übergabe-Praxis aus DSR-Zeiten mit Übergabeprotokoll und exakter Einweisung zum Stand des Ressorts des Zweiten Offiziers. Hier sollte ich etwas gänzlich anderes erleben, denn der Kollege, den ich ablöste, war mit seiner Frau beschäftigt und begann seine letzten Sachen zusammenzusuchen. Als Übergabe drückte er mir einen von Hand in Englisch geschriebenen kleinen Zettelfetzen in die Hand, das war es!

So stand ich da etwas verloren rum. Nachdem ich mich beim Kapitän angemeldet hatte, der natürlich keine Zeit hatte, ich sollte später als Kapitän noch die Hektik kennen lernen, die immer bei einem Anlauf Hamburgs vorherrschte, begab ich mich zum 1. Offizier. Der war erheblich jünger als ich und hatte natürlich auch keine Zeit, sich mit mir zu beschäftigen. Da er davon ausging, dass ich schon auf Containerschiffen gefahren war, drückte er mir den Lade- / Löschplan in die Hand und sagte, ich solle meinen Dienst an Deck aufnehmen. So fand ich mich nicht viel später in Arbeitsklamotten den Containerstauplan krampfhaft in den Händen haltend etwas verunsichert an Deck wieder. Natürlich hatte ich keine Ahnung, was ich zu tun hatte, da ich wie schon gesagt noch nie auf einem Containerschiff war. Ich wusste nicht was ein Twistlock oder Turnbuckle war, kannte nicht die Stauweise, Bay und Tier waren für mich böhmische Dörfer. Na, dachte ich, das kann ja heiter werden. Das Schiff fuhr damals unter deutscher Flagge, aber im Zweitregister. Das bedeutete in diesem Fall, die Schiffsführung war bis auf den Dritten Offizier deutsch. Außerdem gehörten noch der Leitende Ingenieur, ein Schiffsbetriebsmeister (SBM) als Bootsmann und ein Schiffsmechaniker zur deutschen Besatzung. Die anderen Ingenieure waren, wie der Dritte Offizier Ceylonesen, ebenso die Crew. Die Reederei fuhr bis Ende der neunziger Jahre mit einigen Schiffen unter diesem deutschen Zweitregister, die übrigen Schiffe fuhren unter Liberia-Flagge. Später als ich so nach und nach hinter das soziale System der bundesdeutschen Seeleute kam, sollte ich noch mal dankbar dafür sein. Es war nicht gerade ein üblicher Zustand, unter deutscher Flagge zu fahren. Viele andere Reedereien hatten ihre Schiffe schon längst alle ausgeflaggt. Ich hatte keine Hemmungen, um erst einmal einen Überblick zu bekommen, den SBM (Schiffsbetriebsmeister, der als Bootsmann fungierte) und die AB's, so nannte man hier die Matrosen, zu fragen, was anlag und was zu machen sei, damit ich diese erste Wache überstand. So lernte ich gezwungenermaßen schnell, wo es lang ging.

Beim Ablegen, wo doch mancher von der Decksgang auf der Manöverstation etwas verdutzt schaute, als sie mein mit deutschen Wörtern gespicktes Englisch hörten. Ich hatte Probleme, ihnen in Englisch klar zu machen was ich wollte. Ich war aber immer in der Lage, allen praktisch vorzuführen und zu zeigen was sie zu tun hätten. Oder ich machte es der Einfachheit eben selbst.

Nach dem Auslaufen beschäftigte ich mich in meiner Freizeit intensiv mit den Aufgaben auf einem Containerschiff, ich wollte mir ja keine Blöße geben. So hatte ich mich in kurzer Zeit eingearbeitet. Bei den notwendigen auszuführenden Ballastoperationen konnte ich auf meine Erfahrungen als 1. Offizier zurückgreifen. Mit der nautischen Schiffsführung hatte ich keine Probleme, da war ich trotz zweier Jahre an Land ruck zuck wieder auf der Höhe. Gelernt ist gelernt, und es sollte sich zeigen, dass in der bundesdeutschen Seefahrt auch nur mit Wasser gekocht wurde. Wir hatten ja, wie ich nun im Nachhinein feststellen konnte, eine ausgezeichnete Ausbildung an der IHS für Seefahrt Warnemünde / Wustrow erhalten. Zu lernen hatten wir, sich selbst richtig darzustellen. Es fehlte uns, und ich glaube, nicht nur mir ging es so, dieses weltmännische nach außen immer sehr selbstsicher erscheinende Auftreten unserer bundesdeutschen Kollegen. Sehr große Schwierigkeiten hatte ich zumindest in den Anfangsjahren mit der englischen Sprache. Bei der DSR wurde nur mit rein deutschen Besatzungen gefahren. Zu den Werftzeiten bekamen wir meistens einen Dolmetscher zur Seite gestellt, welch ein Luxus. Da ich fast nur auf Massengutschiffen gefahren war, bezogen sich meine Englischkenntnisse auf Ansteuerungen und dem dürftige Wissen, das ich als Erster Offizier eines Massengutschiffes brauchte, nämlich die Schütte nach Bb.- oder Stb.-Seite zu dirigieren. Vieles davon hatte ich damals in Russisch gelernt, da wir hauptsächlich sowjetische Häfen anliefen. Dadurch war der größte Teil meiner bescheidenen Englischkenntnisse im Unterbewusstsein verschwunden. So hieß es nun für mich learning by doing. Alles Englisch musste ich mir selbst anlernen und aneignen, dies war überlebenswichtig, um unter den neuen Bedingungen bestehen zu können. Deshalb besuchte ich während meiner Urlaube mehrfach Englischkurse an der Volkshochschule in Rostock. Ehrlich gesagt, es wurde kein Oxford-English mehr, aber zumindest ausreichend um meinen Beruf richtig ausführen zu können, wobei ich immer mehr verstand, was man mir sagte oder von mir wollte. Meine Antworten wurden auch verstanden, obwohl der Satzbau und die Grammatik nicht immer fehlerfrei waren.

Die bevorstehende Rundreise sollte von Hamburg kommend über verschiedene europäische Häfen, den Suezkanal, Jebel Ali, Karachi, Bombay bis Colombo gehen und wieder zurück nach Europa und Hamburg. Dies war für mich ein neues Fahrtgebiet. Den Suezkanal kannte ich nur von einer Indienreise, als wir mit Kali nach Kakinada fuhren und dann mit Eisenerz zurück nach Rostock.

Das Schiff war ein sogenannter Mehrzweckfrachter, so gebaut, dass auch Mixladung also bestehend aus Container und Stückgut gleichzeitig geladen werden konnte. Ein Einsatz als Massengutschiff war ebenfalls möglich. Beides sollte ich im Laufe der Zeit noch kennenlernen, da die Reederei mehrere Schiffe dieses Typs besaß.

Die Reise verlief für mich letztendlich sehr erfolgreich. An einen Vorfall kann ich mich noch genau erinnern, deshalb möchte ich ihn kurz erwähnen. Das Schiff lag in Bombay (heute Mumbai) in dessen neuen Containerhafen Nhava Sheva. Während meiner Nachtwache als 2. Offizier war Ladebetrieb. Mir war die ganze Sache schon suspekt, als ich die Wache von unserem ceylonesischen 3. Offizier um Mitternacht übernahm. Der Dampfer bekam immer wieder Schlagseite, und ich war nur mit Ballastpumpen beschäftigt, da das Schiff nicht über ein Heelingsystem verfügte (System welches automatisch die Schlagseiten, die beim Laden und Löschen entstehen, durch umpumpen von Ballast ausglich), wie auf neuen Schiffen üblich. Als das Schiff dann beim Laden eines einzigen 30 mt schweren 40 Fuß Containers regelrecht abschmierte und ca. 3 ½ Grad Schlagseite erhielt, stoppte ich den Ladebetrieb sofort und weckte meinen Ersten Offizier. Aus Erfahrung wusste ich, hier stimmt etwas mit der Stabilität nicht.

Daraufhin überprüfte der Erste Offizier seine Rechnung und seine Tiefgänge. Ursache war, dass die Containergewichte der Ladung von Karachi überhaupt nicht übereinstimmten mit den Angaben in den Papieren. Jeder, der schon einmal Container in Karachi geladen hat, weiß das heutzutage. Da waren zum Beispiel 20 mt angegeben, doch in Wirklichkeit wog der Container 28 mt oder mehr. Das summierte sich in der Gesamtsumme.

Da auch einige davon in der dritten oder vierten Lage geladen waren, hatten wir unser Minimum an Stabilität überschritten. Es musste nun die gesamte Beladung neu gestaltet werden, damit das Schiff mit einer ausreichenden Stabilität zumindest erst einmal bis zum nächsten Hafen versegeln konnte. Resultat war, wir konnten nicht die geplante Ladung komplett mitnehmen und mussten so einige Container stehen lassen, was natürlich unserem Charterer überhaupt nicht gefallen hat.

Nach problemloser Heimreise sind wir aber sicher wieder in unserem Heimathafen Hamburg angekommen.

In Hamburg wollte der 1. Offizier in Urlaub gehen, bei Ankunft war aber noch immer kein Ersatz gefunden. Mein Arbeitsvertrag war befristet auf 4-5 Monate. Da ich eine sehr gute Beurteilung von meinem Kapitän erhalten hatte, machte die Reederei mir den Vorschlag, das Ressort des Ersten Offiziers zu übernehmen und noch die nächste Reise mitzumachen. Es war ja bekannt, dass ich schon als 1. Offizier gefahren war. Außerdem sollte ich eine Festeinstellung bekommen, was mich besonders freute. Ich hatte ja meinen ersten Vertrag mit, wie damals für ehemalige DDR-Seeleute üblich, mit 80% des damaligen Heuertarifvertrages abgeschlossen.

Ab sofort sollte ich die gleiche Bezahlung wie meine Kollegen aus den alten Bundesländern bekommen. Dies war hochanständig von der Reederei, denn es war noch nicht allgemein üblich. Nach Rücksprache mit meiner Frau, die mich eigentlich abholen wollte, nahm ich das Angebot dankbar an. So wurde ich schon nach nur einer Reise zum 1. Offizier befördert, hatte einen Festvertrag und sogar gleichwertige Bezahlung wie meine Kollegen aus den alten Bundesländern. Meine Frau hatte Verständnis, obwohl sie nun noch eine Reise länger auf meine Heimkehr warten musste. Eine solch lange Abwesenheit waren wir von der DSR Zeit nicht gewöhnt.

Für mich war es sehr wichtig, hatte ich doch nun eine sichere Grundlage für meine und meiner Familie Zukunft gefunden.

Während meiner Anstellung bei dieser Reederei war ich stets bemüht, dieses Vertrauen was man mir entgegenbrachte, durch eine anständige Arbeit zurückzugeben.

Das Seemannsleben gestaltete sich jetzt völlig anders für meine Familie, nicht zu vergleichen mit den Bedingungen, die ich bei der DSR kennengelernt hatte. Die neuen Einsatzzeiten waren damals 4 bis zu 5 Monate, also eine lange Zeit. Gewöhnt waren wir, dass die DDR-Schiffe immer zurück nach Rostock kamen. Maximal nach drei bis sechs Wochen war man in der Regel wieder in Rostock, zumindest mit Schiffen des Flottenbereiches Küste und Spezialschifffahrt. Das bedeutete damals, ich war fast regelmäßig zu Hause, da ich in Rostock wohnte. Die neuen Einsatzzeiten waren natürlich eine besonders schwere Belastung für meine Frau. Sie meisterte sie aber sehr gut als echte Seemannsfrau, dass sie allein auf sich gestellt alle Probleme der Familie in den Griff bekam, inklusive zweier Umzüge während meiner Abwesenheit. Gerade dieser Rückhalt und das Wissen, dass ich mich auf meine Frau jederzeit verlassen konnte, wart eine wichtige Grundlage für mich, um wieder zur See zu fahren.

Nach jeder Einsatzzeit kam ich ausgepowert zurück. Die Containerfahrt ist äußerst anstrengend, da die Hafenfolge teilweise sehr dicht ist. Der 1. Offizier ist dabei am meisten gefordert, da verantwortlich für den Lade- und Löschprozess. An Schlaf war dabei manchmal nicht zu denken. Jeder, der den Job eines 1. Offiziers auf Containerschiffen kennt, weiß, wovon ich spreche.

Den Urlaub danach brauchte ich dann auch. Urlaub dauerte damals je nach Lage zwei bis drei Monate. Es sollte auch schon einmal vorkommen, dass ich vier Monate zu Hause war, da die Reederei zu diesem Zeitpunkt nur über wenige Containerschiffe verfügte. Abgegolten wurden dabei der zustehende Jahresurlaub und die gesammelten gutgeschriebenen gearbeiteten Tage an Sonnabenden und Sonntagen auf See. Ich war ja nun bei einer privaten Reederei angestellt, wo das Kostendenken an erster Stelle steht. Im Gegensatz zur ehemaligen DSR stand kein Staat dahinter, der eventuelle Verluste ausglich. Ein Umdenken war deshalb bei der Aufgabenstellung notwendig. Oberstes Ziel war es, das Schiff mit einem Minimum an Kosten zu fahren. Der Reeder ist immer vom internationalen Seehandelsmarkt abhängig. Problem dabei ist, dass die Charterraten großen Schwankungen unterworfen sind. Schwer zu schaffen machte dem deutschen Reeder auch die Konkurrenz von Billigflaggen, da er unter deutscher Flagge an die deutschen Gesetze bezüglich Bezahlung und Sozialleistungen gebunden ist. Dies verteuerte den Unterhalt eines Schiffes erheblich und benachteiligte ihn gegenüber den Reedern, die ihre Schiffe alle ausgeflaggt haben. Bei der DSR musste viel improvisiert werden, weil die entsprechenden Ersatzteile nicht da waren, keine Lieferung kam, beziehungsweise die Teile mussten auf Devisenbasis gekauft werden, wozu aber eine Extragenehmigung notwendig war. Jetzt war dieser Mangel nicht mehr da, alle Ersatzteile konnten weltweit eingekauft und geliefert werden. Aber jetzt war es eine Kostenfrage für die jeweilige Reederei. Jede Bestellung wurde hinterfragt, ob unbedingt notwendig. Also war auch hier teilweise Improvisation angesagt und gefragt.

* * *

1. Offizier auf dem Containerschiff „FRANCONIA“

Als nächstes sollte ich nach einem längeren Urlaub als 1. Offizier auf dem Containerschiff „FRANCONIA“ anmustern.

Das Schiff war 1982 in Japan gebaut worden, also doch schon eine etwas betagte ältere Lady. Dort tat ich – mit Unterbrechung auf anderen Schiffen – lange als 1. Offizier Dienst und wurde später auf diesem Schiff auch zum Kapitän befördert. Zu jener Zeit herrschte der sogenannte erste Golfkrieg im Irak. Der Hauptteil der Einfuhr von Gütern in den Irak erfolgte über den Hafen Aqaba in Jordanien. Diese Gütertransporte standen unter der Kontrolle der UNO, damit keine Waffen geschmuggelt werden konnten.

Zusammen mit meinem Kapitän hatte ich in Fujaira angemustert. Kleiner Zwischenfall während der Übergabe, als mir mein Kollege den Ladungsrechner erklären wollte, stellte sich heraus, dass dieser sich während des Anschaltens verabschiedet hatte. Es handelte sich um ein älteres japanisches Modell. Eine Reparatur war wegen fehlender Ersatzteile nicht mehr möglich. Nun war guter Rat teuer. Da ich bei der DSR auf Massengutschiffen immer die Stabilität per Hand ausrechnen musste, Ladungsrechner waren erst in der Entwicklung, rechnete ich den Nachweis der Stabilität vorerst per Hand aus. Dies kostete mich aber immer vier bis fünf Stunden, nachdem ich die Lade-

Lösch-Containerlisten erhalten hatte.

Nach dem Auslaufen testete der Kapitän sicherheitshalber das Seeverhalten, indem er verschiedene Manöver fuhr z. B. durch harte Ruderlagen. Aber unsere alte Lady war ein Stehaufmännchen. Es gehörte schon allerhand dazu, sie an die Grenze der Stabilität zu bringen.

Unser Schiff pendelte von Fujaira über Jeddah nach Aqaba und zurück nach Fujaira. Die vollen Container wurden in Fujaira und Jeddah geladen. Sie mussten so geladen werden, dass die Türen der Container jederzeit zu öffnen waren. Dazu wurde ein extra Stauplan genutzt, welcher natürlich die Anzahl der Containerstellplätze stark reduzierte. Zum Beladen bekam ich als Erster Offizier die Containerlisten mit Nummer, Inhalt, Gewicht, etc. Die Vollständigkeit der Listen war sehr wichtig, da das Schiff vor Einfahrt in den Golf von Aqaba von Kriegsschiffen im Auftrag der UNO kontrolliert wurde. Es handelte sich dabei um amerikanische, französische und australische Einheiten. Die Durchsuchung fand prinzipiell am Tage statt. So drifteten wir oft nach Ankunft bei Nacht östlich des ägyptischen Tauchparadieses Sharm el Sheikh und warteten auf das Tageslicht und die Kontrolle. Erst danach konnten wir in den Golf von Aqaba einlaufen zu unserem Löschhafen. Die Arroganz der Amerikaner bei diesen Kontrollen war unbeschreiblich und nicht zu übertreffen. Wir waren immer froh, wenn die Schiffe aus Frankreich oder Australien Dienst taten. Bei der Rückreise hatten wir dann vorwiegend Leercontainer zu transportieren.

Neu war für mich das Fahren mit verschiedenen Nationalitäten an Bord. Die Reederei fuhr Anfang der neunziger Jahre mit ceylonesischer Crew, danach vorwiegend mit Tuvalo- und Filipino-Crew (Mannschaftsgrade). Als Offiziere fuhren, wie auch schon erwähnt, Ceylonesen, später dann Bulgaren, Kroaten, Letten, Litauer, Russen und Filipinos, also ein doch rechtes Gemisch an Nationalitäten.

Bordsprache war und ist Englisch. Zuletzt als Kapitän war ich oft der einzige Deutsche an Bord. Jede Nation hat eine andere Mentalität, und dies muss bei der Zusammenarbeit an Bord berücksichtigt werden. Ansonsten bekommt der jeweilige Kapitän schwere Probleme.

Der Ausbildungsstandard war unterschiedlich. Die bulgarischen und die Seeleute aus der ehemaligen Sowjetunion, die in den 1990er-

Jahren an Bord kamen, hatten z. B. in etwa den gleichen Ausbildungsweg wie wir in der DDR absolviert. Der überwiegende Teil war gut ausgebildet und Verstand sein Handwerk. Viele kamen als Dritter oder Zweiter Offizier an Bord. Das Gleiche traf auf die Maschine bezüglich der Ingenieure zu, auch sie waren gut ausgebildet. Sehr viele blieben in der Reederei und machten hier Karriere an Bord bis zum Kapitän oder Leitenden Ingenieur. Mit einigen aus dieser Zeit bin ich auch heute noch befreundet.

Was ich teilweise vermisste war die Identifizierung mit der Reederei als mein Arbeitsgeber. Einige der ausländischen Kollege arbeiteten ihren Zeitvertrag lustlos und ohne Initiative nur ab, sie wechselten danach einfach zur nächsten Reederei. Mängel ihrer Arbeit traten dann meist erst später zutage. Die Verantwortlichen konnten aber nicht mehr zur Rechenschaft gezogen werden, da inzwischen bei einer anderen Reederei. Hier zeigt sich schon, wie wichtig es ist, gutes Personal für die Reederei auszusuchen und einzustellen.

Der Stammsitz meiner Reederei war in Hamburg. Angestellt wurde ich aber bei dem neu gegründeten Ableger der Reederei in Rostock. Zu diesem Teil der Reederei waren viele deutsche 1. Offiziere und 2. Ingenieure gewechselt mit der Hoffnung einer baldigen Beförderung zum Kapitän oder Leitenden Ingenieur. Selbstverständlich wurden erst alle Kandidaten befördert, die zu dem Rostocker Teil der Reederei unter anderem aus diesem Grund gewechselt waren, darunter auch Kollegen die wesentlich jünger waren, aber eben auch schon länger der Reederei angehörten als ich.

Meine Maxime war, weiter durch gute Arbeit zu überzeugen, um zumindest im Gespräch zu bleiben für eine Beförderung, vor allem auch mein Englisch zu verbessern. Dies bedeutete für mich erst einmal hinten anstellen. Damit hatte ich kein Problem, denn ich bin der Meinung, ein Seemannsleben besteht aus Erfahrung. Jedes ausgefahrene Ressort bis zum Kapitän kann nur gut sein, man konnte viele Erfahrungen sammeln, um darauf später zurückzugreifen. Ich war und bin noch heute der Meinung, es macht keinen Sinn, wenn jemand sozusagen im Schnellverfahren bis zum Kapitän Karriere macht, ohne jemals vor großen Problemen / Ereignissen gestanden zu haben, im schweren Wetter oder gar in der Nähe eines Taifuns navigiert zu haben. So hatte ich immer die Möglichkeit zu hinterfragen, was hat mein damaliger Kapitän in ähnlicher Situation für eine Entscheidung getroffen. Im Laufe meiner Seefahrtzeit hatte ich frühzeitig begonnen mir diesbezüglich Notizen zu machen.

Um ein Beispiel zu nennen: Wann muss ich andrehen und mit welcher Ruderlage, um auslaufend Karachi die 90-Grad-Kurve sicher bei maximalen Tiefgang und ohne Probleme zu bewältigen. Klingt banal, war aber später beim Auslaufen unter meinem Kommando sehr hilfreich. Simulator-Lehrgänge wie heute üblich gab es damals noch nicht. Verhalten im schweren Wetter etc., spezielle Probleme, die auf Typ-Schiffen auftraten und vieles mehr. Darauf sollte ich mehrmals zurückgreifen können. Einen Fall möchte ich deshalb erzählen, der auf einem Einsatz passierte, zu dem ich nach Newport, Australien, fliegen musste. Ich sollte auf der „CAPE MORETON“ meinen Kollegen ablösen und die anschließende Werftzeit absolvieren, da er schon fast sechs Monate an Bord war.

Das Schiff lud zu dem Zeitpunkt Container und Stückgut für Asien. Kurz nach der Übernahme kam der Wachoffizier zu mir und sagte: „Kran 1 ist ausgefallen.“ Am Kran hing ein 40‘ Container. Es ging gar nichts mehr, weder Hieven, Fieren oder Drehen war möglich. Der Elektriker nahm sofort die Fehlersuche auf und zog später noch den Leitenden Ingenieur hinzu. Nach einiger Zeit kam der Leitende Ingenieur mit dem Kapitän in meine Kammer und wollten mich informieren, dass wir einen Landservice bestellen müssten, da man den Fehler nicht finden konnte. In dem Moment fiel mir ein, ich hatte auf einem Schwesterschiff in Montevideo schon einmal solch ein Problem gehabt. Damals hatte ich mir genau aufgeschrieben was der Fehler und die Ursache war. Also sagte ich nur kurz, „einen Moment bitte" und suchte mein wertvolles Notizbuch. Danach sagte ich, ich brauch den Bootsmann. Dietmar, unserer Schiffsbetriebsmeister (SBM) lag zu dieser Zeit mit schwerer Gicht in den Füßen in seiner Kammer und war eigentlich arbeitsunfähig. Ich also zu seiner Kammer und sagte: „Dietmar, ich brauche dich, egal wie, du musst mit in den Kran, auch wenn wir dich hochtragen müssen." Er sollte den Kran fahren. Gesagt getan, mit Hilfe einiger AB' s bugsierten wir ihn die Leiter hoch und in den Sessel des Kranführerstandes. Nun zückte ich mein Notizbuch. Schalte bitte den Kran an und versuche ihn zu drehen. Der Kran startete, und beim Versuch des Drehens machte es Klack. Ok, sagte ich, lass uns kontrollieren, ob die Sicherung durch ist. Dies war der Fall. Also Sicherung wechseln und erneuter Versuch mit Drehen in andere Richtung. Das gleiche Ergebnis. So, nun kontrolliere bitte die Relais hinter dir, ob eines davon warm / heiß geworden ist. Dies war der Fall, ich fragte den Leitenden Ingenieur (Chief): „Haben wir Ersatz?" Er sagte: „Nein." – „Gut", sagte ich. Die Arbeiten an Luke 6 und Luke 7 waren abgeschlossen. Ich bat den Chief und den Elektriker also, dort dieses Teil im Kran auszubauen und hier in diesen Kran einzubauen. Und siehe da, der Kran drehte sich, der Container wurde abgesetzt und der Ladeprozess konnte weiter gehen.

Als wir dies dem Kapitän berichteten, lachte er nur und sagte: „Wir wollten den Service holen, und der Freiwald zückt nur sein Notizbuch!"

So konnte ich einen größeren Ausfall an Zeit und vor allem Servicekosten vermeiden. Meine Notizen hatten sich mal wieder bezahlt gemacht.

Die „CAPE MORETON" war ein etwas älteres Schiff, welches in

den achtziger Jahren in Kiel für unsere Reederei gebaut worden war. Das Auf- und Zufahren der Luken erfolgte per Hydraulik. Diese Hydraulikleitungen waren nun in die Jahre gekommen, und wir hatten ständig mit Leckagen zu tun (ein Alptraum in Australien wegen des Ölaustritts an Deck), die immer sofort behoben werden mussten. Dadurch waren die Gänge an Deck an den Reparaturstellen mit einem feinen Ölfilm versehen, dazu kam eine gewisse Luftfeuchtigkeit. Bei einen meiner letzten Kontrollgänge rutschte ich aus und fiel etwas unglücklich an Deck. Bei dieser Aktion muss ich mir einen leichten Bandscheibenvorfall zugezogen haben. Ein Arztbesuch folgte, dieser wollte mich sofort erst einmal an Land behalten. Das Schiff sollte in den nächsten Stunden auslaufen mit Ziel Japan. Da ich erst wenige Tage an Bord war und ein Ersatz so schnell nicht heranzuschaffen war, wollte ich an Bord bleiben. Der Arzt entließ mich, mit Schmerzmittel versorgt, auf eigene Verantwortung. Die Schmerzen waren so leidlich zu ertragenb, ich konnte sogar noch die anstrengende Werftzeit in Singapur erfolgreich meistern.

Nach dem Verkauf sollte ich, da mein Vertrag noch nicht zu Ende war, auf die „FANCONIA“ umgesetzt werden, die zu diesem Zeitpunkt in Pusan in Korea, lag. Anstatt nun erneut zum Arzt zu gehen, war ich damit einverstanden. So flog ich also von Singapur über Seoul nach Pusan, um auf der „FRANCONIA“ den Rest meines Vertrages abzuarbeiten.

Wir wurden am Flugplatz von unserem Schiffshändler abgeholt und sollten direkt zum Schiff gefahren werden. Hier hob ich leichtsinnigerweise meinen Koffer auf die Ladefläche seines Transporters. Dies gab mir nun den Rest. Das Schiff fuhr von Pusan nach Hong Kong. Nach dem Auslaufen Hong Kong ging nichts mehr. Bewegen war gar nicht mehr möglich, vor Schmerzen lag ich nur noch in der Koje. In diesem Zustand war ich nicht einmal transportfähig. Die Überfahrt von Hong Kong nach Singapur dauert etwa 3 ½ Tage. Eines Tages versuchte ich nun, mir wenigstens die Zähne zu putzen. Dabei machte ich ein paar Bewegungen, die wohl die Bandscheibe dazu brachte etwas in ihre alte Lage zu rutschen. Die Schmerzen wurden nun erträglich, so dass ich in Singapur vom Arzt transporttauglich geschrieben wurde und somit zur weiteren Behandlung nach Hause fliegen konnte.

Hier zu Hause wurde ich in Schwerin an der Bandscheibe operiert. So war ich wohl fast vier Monate arbeitsunfähig geschrieben. Ich war mir nicht sicher, ob ich die Seetauglichkeit wieder erhalten sollte.

Nach der Gesundschreibung erfolgte eine Untersuchung beim dafür zuständigen Arzt, der mir nach äußerst gründlicher Untersuchung wieder die Seetauglichkeit gab mit dem Hinweis, schweres Heben und ruckartige Bewegungen zu vermeiden. So konnte ich vorerst meinen Beruf weiter ausüben. Dies ging auch ein paar Jahre gut, sollte aber später der Grund sein, dass ich meine aktive Seefahrtzeit beenden musste.

* * *

Kapitän

Die Beförderung zum Kapitän ist heute eine alleinige Entscheidung des Reeders. Ohne Einfluss einer Partei oder heute des Verfassungsschutzes, um einen Vergleich zur DDR herzustellen.

Im Frühjahr 2001 war ich wieder einmal auf meiner mir wohlbekannte „FRANCONIA" im Einsatz. Mein Kapitän wollte in Urlaub gehen, da seine Einsatzzeit dem Ende zuging.

Am 12. März 2001 erhielt er die Information, dass seine geplante Ablösung Ende März nicht mehr zur Verfügung steht. „Deshalb haben wir (die Reederei) entschieden, dass Herr Freiwald zum Kapitän befördert wird und Ende März das Kommando von Ihnen übernimmt. Bitte benutzen sie die verbleibende Zeit, um Herrn Freiwald in die Geheimnisse der modernen Schiffsführung einzuweisen. Wie üblich erfolgt die Beförderung von Herrn Freiwald erst einmal auf Probe."

Am 29. März 2001 übernahm ich in Hong Kong das Kommando auf dem Containerschiff „FRANCONIA".

Wer meinen Lebensweg bis hierher verfolgt hat, kann sich denken wie stolz und glücklich ich war. Welch eine Genugtuung, dass sich trotz aller Rückschläge endlich meinen Kindheitstraum erfüllt hatte. Mein Wille, die Ausdauer und Beharrlichkeit, mit der ich mein Ziel verfolgte, haben letztlich zum Erfolg geführt. Nicht in der DDR, in der ich es einst anstrebte, sondern hier und heute in der Bundesrepublik Deutschland Kapitän geworden zu sein, ist Stolz und Befriedigung.

Dann kommen die Herausforderungen während eines Einsatzes. Diese erfordern ein hohes Maß an Verantwortungsbewusstsein, Entscheidungsfähigkeit und Stehvermögen. Nicht zu vergessen, gehört auch ein gewisses Fingerspitzengefühl dazu, notwendig beim Handling der Besatzung und bei den Verhandlungen mit Behörden. Wie schon erwähnt, wurde mit einem Mix aus verschiedenen Nationalitäten gefahren. Die Aufgaben eines Kapitäns sind vielfältig und stetig gewachsen im Laufe der letzten Jahrzehnte. Die Verantwortung für Schiff und Besatzung, die sichere Schiffsführung, die Beachtung der nationalen und internationalen Vorschriften sind Hauptaufgaben eines Kapitäns. Dazu kommen jede Menge Verwaltungsaufgaben, die jetzt dem Kapitän übertragen worden waren, da es keinen Funkoffizier mehr gab. Dies bedeutete, er war verantwortlich für die Abrechnung der Heuer, gesamten Funkverkehr, die Vorbereitung der Ein- und Ausklarierung, Proviantbestellung, etc. Ich sagte immer, und nebenbei soll er das Schiff noch sicher von A nach B bringen.

Es war wichtig, bei diesen vielen Aufgaben zu lernen, Prioritäten zu setzen und Aufgaben zu delegieren. Die größte Herausforderung ist aber meiner Meinung nach der Druck und die Verantwortung, die jetzt auf den Schultern eines Kapitäns lasten. Die alleinige Verantwortung für Schiff und Besatzung, und dies in allen Situationen, musste verarbeitet werden, denn es gab einfach keinen mehr, den man noch rufen oder fragen konnte, insbesondere, wenn zum Beispiel bei schwersten Wetter alle Blicke auf den Kapitän gerichtet sind. In solchen Situationen ist es als Kapitän sehr wichtig, immer Ruhe und Selbstvertrauen auszustrahlen. Dies ist nicht immer einfach, da einen selbst Zweifel plagen, alles bisher richtig gemacht zu haben.

Wichtig ist auch, dass nie der Respekt vor der Natur verloren geht. Wasser kann eine gewaltige Kraft entwickeln. Meine Kollegen werden mir sicher Recht geben. Zu DDR-Zeiten war es bei der DSR-Flotte üblich und gesetzlich abgesichert, die Verantwortung zu teilen. Es war zum Beispiel einem Kapitän bei längerer Nebelfahrt oder in schwierigen Revieren (z. B. Passage von Skagen nach Rostock, Nord Ostsee Kanal, Suezkanal) nicht zumutbar, tagelang auf der Brücke zu stehen. Deshalb konnte er die Schiffsführung auf Doppelwache umstellen. Die Umstellung musste im Schiffstagebuch eingetragen werden. Beendet war dies, wenn der Kapitän per Eintrag im Schiffstagebuch die Doppelwache aufhob und die Schiffsführung wieder allein übernahm. Während der Doppelwache ging der Kapitän mit dem 3. Offizier von 06.00 Uhr bis 12.00 Uhr und dann von 18.00 Uhr bis 24.00 Uhr Wache. Die andere Wache wurde vom 1. Offizier (Wachleiter) und dem 2. Offizier von 00.00 Uhr bis 06.00 Uhr und am Nachmittag von 12.00 Uhr bis 18.00 Uhr wahrgenommen.

Während dieser Zeit hatte der 1. Offizier die volle Verantwortung für die Schiffsführung. Dadurch, dass ich bei der DSR schon als 1. Offizier gefahren war, hatte ich also schon meine Feuertaufe, ein Schiff allein als Verantwortlicher zu führen, hinter mir. Diese Regelung gibt es heute nicht, der Kapitän bleibt voll verantwortlich für die Schiffsführung, auch wenn er eigentlich vor Erschöpfung gar nicht mehr handlungsfähig ist.

In der jüngsten Zeit ist der Kapitän zunehmend einer Kriminalisierung ausgesetzt, ohne sich immer erfolgreich dagegen wehren zu können. Dabei handelt es sich um Fälle, wie Verstöße gegen Umweltvorschriften, Kollisionen / schwere Havarien etc. In der Regel wird der Kapitän bei solchen Vorkommnissen in Haft genommen. Das macht die Arbeit eines Kapitäns in der heutigen Seefahrt nicht einfacher. Auch bei blinden Passagieren (Stowaways) an Bord kann es zu Problemen mit den Behörden kommen. Ein Problem, mit dem wir es auf DSR-Schiffen eher nicht oder sehr selten zu tun bekamen. Wer wollte schon auf ein Schiff gehen, das die Flagge East Germany am Stock führte. Während meiner Zeit als Kapitän wurde ich zweimal damit konfrontiert, jeweils auf dem unter liberianischer Flagge fahrenden Containerschiff „SAMARIA".

Foto: Andreas Spörri

Das erste Mal kam der blinde Passagier in Kapstadt an Bord. Das Schiff machte dort einen Bunkerstopp. Dazu wurde während der Nacht an der Bunkerpier längsseits gegangen. Weil das Schiff abgeladen war, befand sich das Hauptdeck fast auf gleicher Höhe wie die Pier. Die Bunkerstation war zwar ständig besetzt, auch an Deck gingen die Wachen verstärkt Kontrollgänge, aber irgendwie schaffte es der junge Mann an Bord zu kommen und sich im Maschinenraum unbemerkt zu verstecken. Erst am übernächsten Morgen, wir waren inzwischen auf dem Weg nach Tema / Ghana, wurde er entdeckt. Daraufhin wurde ein vorgeschriebenes Procedere laut Reedereianweisung in Gang gesetzt. Das beinhaltete Befragung und Unterbringung des blinden Passagiers und das Absetzen der entsprechenden Meldungen.

Hinterlassenschaften des blinden Passagiers

Jedenfalls bedeutete der Zwischenfall einen riesigen ärgerlichen Aufwand. Unser junger Mann stammte aus Somalia. Er wollte eigentlich mit uns nach Europa. Papiere wurden bei ihm nicht gefunden. Das vorrangige Problem mit den blinden Passagieren ist, sie so schnell wie möglich wieder loszuwerden. Das ist in der Regel nicht einfach. In diesem Falle hatte ich Glück. Für die Behörden in Tema war es keine Selbstverständlichkeit oder gar Pflicht, mir den Stowaway abzunehmen, zumal er keine Papiere besaß. Mit großem Verhandlungsgeschick gelang es mir, die Behörden dazu zu bringen, dass der blinde Passagier von ihnen übernommen und an Land gebracht wurde. Dies kostete mich eine erhebliche Menge an Zigaretten und Whisky sowie andere interessante Artikel, die meine Verhandlungspartner in den Transit- und Proviantlasten entdeckt hatten. Diese dadurch entstandenen Kosten standen aber in keinem Zusammenhang mit denen, die ein weiteres Verbleiben an Bord verursacht hätte. Es konnte vorkommen, dass kein Hafen den blinden Passagier haben wollte und er so Wochen, manchmal Monate an Bord verbleiben musste.

Der zweite Fall ereignete sich in Brasilien. Das Schiff hatte inzwischen das Fahrtgebiet gewechselt. Dieser Vorfall wäre fast nicht so glimpflich ausgegangen. Wir kamen aus Santos kommend in Rio de Janeiro an, um dort weitere Ladung für Europa zu übernehmen. Unser nächster Hafen sollte Rio Grande im brasilianischen Bundesstaat Rio Grande do Sul sein, bevor es zurück nach Europa ging. Wir hatten Rio verlassen, als am nächsten Tag der blinde Passagier im Maschinenstore gefunden wurde. Er war, wie sich später herausstellte, von den Hafenarbeitern, verkleidet als einer von ihnen, an Bord geschmuggelt worden.

Rio de Janeiro

Da ich nun schon Erfahrungen besaß, begann wieder die schon beschriebene Prozedur. Bei unserer Befragung stellte sich heraus, dass der junge Mann mit uns in die USA fahren wollte. Er hatte fälschlicherweise die liberianische Flagge als US-Flagge gedeutet. Diesmal wurde aber sein Pass bei einer Nachkontrolle im Store entdeckt. Das sollte noch von entscheidender Bedeutung sein. Hier in Rio Grande sollten die Behörden den Fall übernehmen. Als erstes wurde von ihnen seine derzeitige Unterbringung inspiziert, ob auch menschenwürdig genug, und er wurde befragt, ob er menschlich behandelt worden sei. Danach wurden Kapitän und Chief Engineer zum Hafenkapitän zwecks Verhör bestellt. Man unterstellte uns, den blinden Passagier wissentlich schon länger an Bord zu haben. Wir wurden beide unabhängig voneinander zwei bis drei Stunden verhört. Anschließend wurden unsere Aussagen verglichen. Uns drohte Gefängnis. Jetzt kam der besagte Pass ins Spiel, den ich in Verwahrung genommen hatte. In diesem Pass befand sich ein brasilianischer Visa-Stempel für sechs Monate, inzwischen aber abgelaufen. Der Stempel besagte, dass unser spezieller Freund zuvor von Äthiopien kommend per Flug in Brasilien eingereist war. Also konnte er sich nicht schon länger bei uns an Bord befinden. Er musste logischerweise in Rio an Bord gekommen sein, da er auch erst danach entdeckt worden war. Zähneknirschend musste unser unerwünschter Gast von den Behörden übernommen und an Land gebracht werden, sehr zur Erleichterung von unserer Seite.

* * *

Landjob in der Crewing Abteilung

Leider musste ich meine aktive Fahrzeit bald aus gesundheitlichen Gründen beenden. Sie erinnern sich, was der Arzt bei der Seetauglichkeitsuntersuchung nach meiner Bandscheiben Operation sagte „Schweres Heben und ruckartige Bewegungen" sind zu Vermeiden. Während meiner Einsatzzeiten hatten wir natürlich auch schweres Wetter. Da ist es schwierig ruckartige Bewegungen zu vermeiden, wenn das Schiff schwer einsetzt oder sich stark zur Seite legt. Der Körper reagiert in diesen Situationen meist reflexartig. Dies passierte auch mir, so dass sich meine Bandscheibe wohl verschob und die Schmerzen wieder da waren. Resultat war, die Personalabteilung musste mich nach manchmal nur 2-3 Monaten vom Schiff holen, damit ich mich zu Hause behandeln lassen konnte. Nachdem dies wohl das zweite Mal passiert war, wurde mir gesagt, dass ich eigentlich nicht mehr einsatzfähig bin, da man mich nun schon wiederholt vom Schiff holen musste.

Was nun? Im Prinzip hatten sie ja recht, im Extremfall konnte solch Vorfall in dauerhafter Arbeitsunfähigkeit enden. Ich war fast 56 Jahre alt, in diesem Alter werden einem Angebote nicht gerade hinterher geworfen. Außerdem verspürte ich noch keine Lust als Frührentner auf dem Sofa zu enden. Also fragte ich in der Reederei nach, ob irgendeine Verwendung im Office möglich wäre. Man bot mir an, ich könnte, wenn ich dazu bereit wäre in der Crewing Abteilung (Personalabteilung See) anfangen und dort die Schiffe betreuen, die unter deutscher Flagge fuhren. Natürlich zu erheblich weniger Bezüge als zuvor als Kapitän. Dieses Angebot nahm ich an, mein Lebensziel Kapitän zu werden hatte ich ja erreicht. Es folgte noch ein Kurzeinsatz als Kapitän in dem ich eines unserer Schiffe von San Francisco via Panamakanal nach Europa brachte. Im Frühjahr 2006 nahm ich meine Arbeit in der Crewing Abteilung der Reederei auf. Die Crewing Abteilungen der Reedereien werden meistens etwas stiefmütterlich behandelt, belächelt, da nur eigentlich die Nautischen und Technischen Inspektoren von Wichtigkeit sind. Dabei sind gerade diese Abteilungen von äußerster Bedeutung und eine Nahtstelle im Reedereigefüge. Hier wird nämlich das Personal für die Schiffe ausgewählt, mit denen letztendlich das Geld für die Reederei verdient wird. Die Reederei kann zeitweilig ohne Inspektoren leben aber nicht ohne Personal auf den Schiffen.

Mai 2014

Auswahl von fachlich gutem Personal, ob nun deutsches oder ausländisches Personal für den Reeder ist eine sehr verantwortungsvolle Aufgabe und nicht immer leicht. So konnte ich hier in der Abteilung meine Erfahrungen und Kenntnisse aus meiner langen Fahrenszeit einbringen. Einfach war es nicht, ich musste mich wieder erst einmal durchsetztten. Während der Arbeitszeit im Office war Englisch die Hauptsprache. Jeder Mailverkehr oder jedes Telefonat erfolgte in Englisch, da wir Agenturen in St. Petersburg, Varna und Kroatien hatten. Hinzu kamen Botschaften, Konsulate und Agenturen in den Häfen, mit denen wir ständig zusammen arbeiten mussten. Trotz meines Alters nahm ich das Angebot an, am Englisch-Lehrgang für Mitarbeiter, der im Haus angeboten wurde, teilzunehmen um mein Manko diesbezüglich zu verbessern. Wie schon einmal erwähnt, es wurde kein Oxford Englisch mehr. Meine Kollegen, Kolleginnen und nicht zuletzt meine Chefin rollten öfters mit den Augen. Es klang eben nicht so elegant und grammatisch richtig, aber ich wurde verstanden. Meine Gegenüber wussten, was ich wollte und meinte. Vorteil war, ich wusste, worum es geht, man brauchte mir nicht erst lange etwas erklären. Weiter konnte ich selbstständig arbeiten und war gewöhnt Entscheidungen zu treffen, wenn es notwendig war. In der Abteilung war ich der Älteste, umgeben von jungen Kolleginnen und Kollegen die ich auch jederzeit mal fragen konnte. Die Zusammenarbeit mit ihnen war mir stets eine Freude und hat Spaß gemacht. Nicht zuletzt haben wir auch viel gemeinsam unternommen. Da die Reederei 2014 verkauft wurde und für mich ein Wechsel zur neugegründeten Reederei für wenige noch verbleibende Monate bis zur Rente nicht in Frage kam verabschiedete ich mich in den Ruhestand.

* * *

Ruhestand – Reflektion

So endete für mich eine fast fünfzigjährige Tätigkeit in der Seefahrt und maritimen Wirtschaft. Im Nachhinein war es für mich interessant, diese Tätigkeit, die ja als Bürger der DDR begann und als Bürger der BRD endete, gegenüberzustellen. Den Lebensabschnitt in der DDR möchte ich nicht missen, er gehört zu meinem Leben. Vergangenes kann man nicht ändern, schon gar nicht ungeschehen machen, aber jeder sollte sich seiner Vergangenheit stellen. Die Aufarbeitung der Geschichte der DDR ist notwendig und muss auch stattfinden. Aber der Rückblick auf die DDR, insbesondere mit Blick auf unsere heranwachsenden Kinder und Jugendlichen, sollte nicht nur aus Mauerbau, Stasi und Unterdrückung bestehen, wie heute leider praktiziert. Es gab auch durchaus Dinge, die von der Sache und vom Ansatz her gut waren.

Dankbar bin ich, dass ich letztendlich doch noch meinen Kindheitstraum, eines Tages Kapitän zu werden erfüllen konnte. Für mich damals unvorstellbar, dass ich dieses Ziel erst in der Bundesrepublik Deutschland erreichen konnte. Ich denke mit Dankbarkeit an all die Besatzungen, Kollegen und Kolleginnen zurück, mit denen ich zusammenarbeiten durfte.

So wie es immer mein Wunsch war, Kapitän zu werden, aus dem Innersten heraus, so war es auch bezüglich dieses Buches. Ständig hatte ich das Bedürfnis, du musst dieses Stück Zeitgeschichte weitergeben. Es hat Jahre gedauert bis ich dazu bereit war, da auch sehr persönliche Dinge angesprochen werden. Deshalb habe ich auch Jahre und mehrerer Entwürfe benötigt, um es in der jetzigen Form zu vollenden.

* * *

Nachwort

Bis heute konnte weder der praktizierte Versuch Sozialismus, wie in der ehemaligen DDR und den anderen sozialistischen Ländern noch der jetzige praktizierte Kapitalismus mit seiner Marktwirtschaft überzeugen.

Die Aufarbeitung der DDR-Geschichte halte ich als einseitig und nicht ausreichend differenziert genug. Der Staat hat einen großen Anteil und eine Verantwortung bei der Geschichtsaufarbeitung und Geschichtswiedergabe im Interesse der Erziehung seiner Kinder und seiner Jugend. Leider ist es heute so, dass bei unseren Kindern und Jugendlichen bei der Frage, was ihnen zur DDR einfällt Unrechtstaat, Mauer und Stasi genannt wird. So denn, dass man überhaupt noch weiß, dass es einmal zwei deutsche Staaten gegeben hat. Dabei gab es viele Dinge, die durchaus gut waren, um einige zu nennen: Bildung für alle, egal welcher Herkunft, Polikliniken, Kindergärten, Kinderkrippen, SERO etc. Vieles, lässt man einmal den politischen Einfluss außen vor, war durchaus wert übernommen zu werden. Einiges wurde unter neuen Namen wieder erfunden. Zum Beispiel Polikliniken. Heute werden sie anders genannt, da waren verschieden Ärzte (Allgemein Mediziner, Urologen, Kinderärzte) unter einem Dach. So hatte jeder nur einen Anlaufpunkt. Diese wurden damals aber erst einmal vorsorglich abgewickelt. Letztendlich bin ich nun in der Bundesrepublik Deutschland angekommen. Ich muss mich den heutigen Lebensbedingungen mit all seinen Problemen stellen, wie jeder andere Mitbürger auch. Es ist nicht alles Gold was glänzt, wie man umgangssprachlich so sagt. Bedauerlich finde ich, dass ehemalige Grundwerte der Gesellschaft wie Respekt, Anstand, gegenseitige Achtung und Solidarität immer mehr verloren gehen. Sorgen bereiten mir auch das unaufhaltsame Auseinandertriften der sozialen Schichten. Es kann und darf eigentlich nicht sein, dass das Ich-Denken und der Prestigekonsum Leitbild einer Gesellschaft sind. Vergessen wird dabei, dass sich die Kluft zwischen Reich und Armut rasant entwickelt und damit auch die Gefahr zukünftiger sozialer Konflikte. Reichtum muss letztendlich der Allgemeinheit dienen. Dringend ist ein Umdenken bei der Verteilung des Reichtums und der Gewinne erforderlich. Von der Arbeit und dem daraus resultierenden Lohn muss jeder mit seiner Familie leben können.

Die deutsche Seewirtschaft, die Reeder mit Schiffen unter deutsche Flagge stehen vor riesigen Herausforderungen, so sie denn überleben wollen. Ein deutscher Seemann ist eigentlich ohne staatliche Förderung nicht mehr bezahlbar, sichtbar in der seit Jahren schrumpfenden Flotte unter deutscher Flagge und der Anzahl der dort tätigen deutschen Seeleute. Dabei ist gerade die Ausbildung der deutschen Seeleute auf höchstem Niveau, und es wären eine fatale Fehlentscheidung, auf dieses vorhandene Potential zu verzichten. Es bedarf dringend eines vertretbaren Mix aus Änderungen der Gesetzte / Vorschriften und Fördermaßnahmen, wie schon begonnen, um Schifffahrt unter deutsche Flagge wieder auf ein Fundament zu stellen, mit dem unsere Reeder international bestehen können.

* * *

Die maritime gelbe Buchreihe

es sind bisher folgende Bände erschienen:

Band 1 Begegnungen im Seemannsheim Lebensläufe und Erlebnisberichte – nur bei epubli.de, amazon und als ebook
Band 2 Seemannsschicksale – Anthologie – Seefahrerportraits – bei epubli.de, amazon und als ebook
Band 3 Seemannsschicksale –Erlebnisberichte von See – nur bei amazon + ebook
Band 4 Seefahrt unserer Urgroßväter unter Segeln – auch als ebook
Band 5 Capt. Feiths Memoiren – Ein Leben auf See – auch als ebook
Band 6 Seemannserinnerungen – Anthologie – auch als ebook
Band 9 Endstation Tokyo – Achtern raus in Japan – nicht mehr lieferbar
Band 10 Jürgen Ruszkowski: Rückblicke – Himmelslotse im Seemannsheim – auch als ebook
Band 14 Schiffselektriker in Cuxhaven – auch als ebook
Band 17 Schiffskoch Ernst Richter – nur bei epubli.de, amazon und als ebook
Band 18 Seeleute aus Emden und Ostfriesland – Anthologie – nur bei amazom und als ebook
Band 19 Das bunte Leben des Matrosen Uwe Heins – auch als ebook
Band 20 Kurt Krüger: Matrose im 2. Weltkrieg – nur bei amazom und als ebook
Band 22 Jörn Hinrich Laue Frachtschiffreisen – nur bei amazon + auch als ebook
Band 23 Jochen Müller: Geschichten aus der Backskiste Masch.Assi bei DSR – ebook
Band 29 Logbuch – Anthologie mit Seemannsschicksalen – nur bei amazon + auch als ebook
Band 30 Günter Elsässer: Schiffe, Häfen, Mädchen – Trampfahrt um 1960 – auch als ebook
Band 31 Thomas Illés d. Ä. Sonne, Brot und Wein – 1 – Tagebuch eines Seglers – auch ebook
Band 32 Thomas Illés d. Ä. Sonne, Brot und Wein – 2 – Tagebuch eines Seglers – auch als ebook
Band 33 Jörn Hinrich Laue: Hafenrundfahrt Hamburg – nur bei amazon + auch als ebook
Band 34 Peter Bening: Roman Seemannsliebe – auch als ebook
Band 35 Günter George: Junge, komm bald wieder... Junge aus Bremerhaven – auch als ebook
Band 36 Rolf Peter Geurink: Seemaschinist um 1960 – nur bei amazon + als ebook
Band 37 Hans Patschke: Frequenzwechsel – Funker 1932 – 1970 – auch als ebook
Band 39 Hein Bruns: In Bilgen, Bars und Betten – Roman – auch als ebook
Band 40 Heinz Rehn: Kanalsteurer – plattdütsche Texte – auch als ebook
Band 41 Klaus Perschke: Vor dem Mast – Seefahrt um 1953 – auch als ebook
Band 42 Klaus Perschke: Seefahrt um 1956 Ostasienreisen Nautiker 1958 – auch als ebook
Band 44 Lothar Rüdiger: Flarrow, der Chief Trilogie Maschinenassistent – auch ebook
Band 45 Lothar Rüdiger: Flarrow, der Chief - Trilogie Wachingenieur – auch ebook
Band 46 Lothar Rüdiger: Flarrow, der Chief – Trilogie – Ziel erreicht: Chief – auch ebook
Band 47 Seefahrtserinnerungen – Anthologie – auch als ebook
Band 48 Peter Sternke: Erinnerungen eines Nautischen Beamten – nur bei amazon + ebook
Band 49 Jürgen Coprian: MS FRANKFURT – Salzwasserfahrten 1 Ostasienreisen – ebook
Band 50 Jürgen Coprian: MS FRIEDERIKE TEN DOORNKAAT – Salzwasserfahrten 2 – ebook
Band 51 Jürgen Coprian: MS WIEN + NORMANNIA – Salzwasserfahrten 3 – auch als ebook
Band 52 Jürgen Coprian: MS VIRGILIA – Salzwasserfahrten 4 – auch als ebook
Band 53 Jürgen Coprian: MS COBURG Salzwasserfahrt 5 – auch als ebook
Band 54 Jürgen Coprian: MS CAP VALIENTE - Salzwasserfahrten 6 – auch als ebook
Band 55 Jürgen Coprian: MS BRANDENBURG – Salzwasserfahrten 7 – auch als ebook
Band 56 Immanuel Hülsen: Schiffsingenieur, Bergungstaucher, Flieger –: nicht mehr lieferbar
Band 57 Harald Kittner: Roman: Der Nemesis-Effekt – nicht mehr lieferbar!
Band 58 Klaus Perschke: Seefahrt um 1960 unter dem Hanseatenkreuz – Nautischer Offizier – auch als ebook
Band 59 Jörn Hinrich Laue Unterwegs auf Passagier-, Fracht-, Fährschiffen – auch ebook
Band 60 Kuddel Senkbklei: Wasser über Deck und Luken – Seefahrt in den 1950-60ern – ebook
Band 61 Franz Döblitz + Ernst Richter: Service an Bord – auch als ebook

Band 62 Bernhard Schlörit: Hast du mal einen Sturm erlebt? – auch als ebook
Band 63 Carl Johan: Das glückhafte Schiff – Seefahrerroman – auch als ebook
Band 64 Bernd Herzog: Opas Seefahrtszeit – als Maschinist – auch als ebook
Band 66 Bernhard Schlörit: Auf dicken Pötten um die Welt – auch als ebook
Band 67 Arne Gustavs: Schiffsjunge um 1948 – auch als ebook
Band 68 Ernesto Potthoff: Segelschulschiff LIBERTAD – auch als ebook
Band 69, 70, 71 Ernst Steininger: Seemann, deine Heimat ist das Meer – auch als ebook
Band 74 Fritz Gromeier: Freddy, der wilde Heizer – zur Zeit nicht lieferbar
Band 75 Jürgen Ruszkowski: Aus der Geschichte der Seemannsmission – nur als ebook
Band 76 Heribert Treiß: Rudis Weltenfahrten 1936 – 1948 – auch als ebook
Band 77 Bernhard Schlörit: Verdammte Container – auch als ebook
Band 78 Otto Schulze: Briefe aus Fernost – 1907 – Teil 1 – auch als ebook
Band 79 Otto Schulze: Briefe aus Fernost – 1908 – 1912-13 – Teil 2 – auch als ebook
Band 82 Kapitän und Kanallotse Herbert Suhr – 1912 – 2009 – auch als ebook
Band 83 Joseph Conrad – Seefahrer und Schriftsteller – auch als ebook
Band 85: Jürgen Coprian: FRANCESCA – SAXONIA – nur bei amazon + als ebook
Band 90: Jörn-Hinrich Laue: Fährschiffe – nur bei amazon + als ebook
Band 91: Segelschifffahrt um 1850-70 – Richard Wossidlo– nur bei amazon + als ebook
Band 92: Kaiserliche Marine 1890 – nur bei amazon + als ebook
Bände 93 + 94: Willi Franck: Kadett – Marineoffizier 1895 – 1907 – nur bei amazon + ebook
Band 98: Der Mensch auf dem Wasser – Kulturgeschichte der Schiffe – nur bei amazon + als ebook
Band 99 Jürgen Ruszkowski: Hamburg – eine liebenswerte Stadt – nur bei amazon + als ebook
Band 100: Seefahrt und Post – nur bei amazon + als ebook
weitere Bände sind geplant

Nicht maritime Bände in der gelben Buchreihe:

Band 11: Diakone des Rauhen Hauses: „Genossen der Barmherzigkeit" ebook
Band 12: Diakon Karlheinz Franke – Autobiographie – auch als ebook
Band 13: Diakon Hugo Wietholz,: Autobiographie – auch als ebook
Band 15: Zeitlebens im Gedächtnis – Deutsche Schicksale um 1945 - Wir zahlten für Hitlers Hybris – bei epubli.de, ebook
Band 26: Monica Maria Mieck: Liebe findet immer einen Weg – Kurzgeschichten – ebook
Band 27: Monica Maria Mieck: Verschenke kleine Sonnenstrahlen – Kurzgeschichten – ebook
Band 28: Monica Maria Mieck: Durch alle Nebel hindurch – besinnliche Kurzgeschichten – ebook
Band 38: Monica Maria Mieck: Zauber der Erinnerung – besinnliche Kurzgeschichten
Band 43: Monica Maria Mieck: Winterwunder – Weihnachtstexte – auch als ebook
Band 65: Johann Hinrich Wichern – Geschichte des Rauhen Hauses –ebook
Band 72: Kirche im Nachkriegs-Mecklenburg – Anthologie – auch als ebook
Band 73: Horst Lederer: Pastoren in Grevesmühlen (Mecklenburg) – auch als ebook
Band 80 + 81: Norbert Mieck – Lyrik – auch als ebook
Band 84 Geschichte des Elbdorfes Rissen – nur bei amazon + auch als ebook
Band 86: Jürgen Ruszkowski: Neubau der Stadtteilschule Rissen – nur bei amazon + auch als ebook
Band 87-sw: Jürgen Ruszkowski: Wiedersehen mit Schwerin – nur bei amazon + auch ebook
Band 87-farbig: Jürgen Ruszkowski: Eine Reise nach Schwerin – nur bei amazon + auch ebook
Band 88-sw: Jürgen Ruszkowski: Wiedersehen mit Sylt – nur bei amazon + auch als ebook
Band 88-farbig: Jürgen Ruszkowski: Eine Reise nach Sylt – nur bei amazon + auch als ebook
Band 89: Jürgen Ruszkowski: Werde ich wirklich gerne alt? – nur bei amazon + auch ebook
Bände 95 + 96: Heinrich Boehmer: Der junge Luther – nur bei amazon + auch als ebook
Band 97: Der singende Luther – nur bei amazon + auch ebook
Band 102: Horst Lederer: Leben in Mecklenburg nach 1945 – nur bei amazon + auch ebook

* * *

Direktbezug beim Herausgeber: Reste aus Eigendruck für je 13,90 €, soweit oben nicht anders erwähnt, im Inland an Privatpersonen portofrei (Auslandsporto)

Jürgen Ruszkowski, Nagelshof 25, D-22559 Hamburg,

Tel.: 040-**18090948** – **maritimbuch@googlemail.com**

Info: www.**maritimbuch.de**

https://sites.google.com/site/maritimegelbebuchreihe/home

https://seeleute.hpage.com oder https://seefahrt1950-60er.hpage.com

ISBN 978-3-7531-1579-5
www.epubli.de